Comment faire fortune avec Airbnb ?

Le guide complet et détaillé

Edouard BRETON

ISBN : 979-8-8545-8859-1

Imprimé à la demande par Amazon
Dépôt légal : Août 2023

INTRODUCTION

L'un des avantages majeurs d'être un hôte Airbnb en France réside dans la possibilité de générer des revenus attractifs grâce à la location de son logement. L'essor d'Airbnb dans le marché français de la location saisonnière a bouleversé le secteur, apportant une nouvelle dynamique et attirant des voyageurs en quête d'expériences plus authentiques. Une étude minutieuse des revenus moyens des hôtes Airbnb en France révèle des chiffres prometteurs, montrant que nombreux sont ceux qui ont réussi à tirer profit de cette opportunité.

Comparativement aux autres formes de location saisonnière, Airbnb se distingue par sa flexibilité et sa facilité d'utilisation. Les revenus moyens des hôtes Airbnb en France sont souvent compétitifs, et la plateforme offre une visibilité mondiale, attirant ainsi des voyageurs du monde entier. Cependant, une analyse approfondie des avantages et des inconvénients des autres formes de location saisonnière, telles que les locations de vacances traditionnelles, permet de mieux apprécier les différents aspects du marché de l'hébergement.

Plusieurs facteurs influencent les revenus des hôtes Airbnb en France. L'emplacement géographique est un élément clé, car certaines villes touristiques ou destinations prisées peuvent bénéficier d'une demande accrue et donc de revenus plus élevés. Les saisons touristiques et les événements locaux jouent également un rôle important dans la fluctuation des revenus. Les témoignages d'hôtes à succès en France offrent un éclairage précieux, mettant en évidence les stratégies gagnantes et les défis rencontrés pour prospérer dans ce marché compétitif.

En considérant les perspectives d'avenir pour les hôtes Airbnb en France, il est évident que le secteur continue d'évoluer et de présenter de nouvelles opportunités. Les prévisions de croissance du marché restent positives, et les hôtes qui sauront s'adapter aux tendances émergentes pourront continuer à augmenter leurs revenus et à prospérer. Pour les futurs hôtes, comprendre les revenus générés par Airbnb par rapport aux autres formes de location saisonnière est essentiel pour prendre des décisions éclairées et maximiser leur potentiel de réussite dans cette entreprise lucrative.

UNE REVOLUTION DANS LE SECTEUR DE L'HEBERGEMENT

Dans ce premier chapitre, nous allons explorer en détail ce qu'est Airbnb, une plateforme révolutionnaire qui a transformé l'industrie de l'hébergement et ouvert de nouvelles opportunités pour les entrepreneurs du monde entier. Nous allons plonger dans l'histoire d'Airbnb, son modèle économique, son fonctionnement, ainsi que ses impacts sur l'économie et la façon dont il a permis à des milliers de personnes de gagner leur vie en tant qu'hôtes Airbnb.

Les origines d'Airbnb

L'histoire fascinante d'Airbnb trouve ses racines dans une situation banale de la vie quotidienne. En 2008, Brian Chesky et Joe Gebbia, deux jeunes colocs cherchant à arrondir leurs fins de mois, décidèrent d'exploiter une opportunité inhabituelle lors d'un événement local. Avec des difficultés pour payer leur loyer à San Francisco, ils se lancèrent dans une aventure inédite en mettant à disposition des matelas pneumatiques dans leur appartement lors d'une conférence importante dans la ville. C'est ainsi que naquit la plateforme "Airbed and Breakfast," qui allait évoluer plus tard pour devenir l'Airbnb que nous connaissons aujourd'hui. L'idée novatrice de transformer des espaces privés en lieux d'hébergement pour des voyageurs ouvrit la voie à une révolution dans le secteur du tourisme et de l'hôtellerie.

Au fil du temps, le concept initial des matelas pneumatiques évolua grâce à l'arrivée de Nathan Blecharczyk au sein de l'équipe fondatrice d'Airbnb en 2009. Nathan, avec ses compétences techniques, permit d'étendre la plateforme pour accueillir des voyageurs du monde entier. Désormais, Airbnb proposait une large gamme de logements, allant des chambres privées dans des résidences principales aux propriétés entières, en passant par des demeures exotiques et même des châteaux. L'approche novatrice d'Airbnb, basée sur le partage économique, offrait aux particuliers la possibilité de devenir des hôtes et de monétiser leurs logements inoccupés tout en proposant une alternative plus authentique et conviviale aux voyageurs en quête d'expériences uniques. Cette évolution marqua le début d'une révolution dans l'industrie de l'hébergement, offrant un nouveau moyen de gagner sa vie grâce au business d'Airbnb.

L'évolution du modèle économique

L'évolution du modèle économique d'Airbnb a été marquée par une croissance fulgurante depuis sa création. À ses débuts en 2008, la plateforme était essentiellement une solution de rechange peu coûteuse aux hôtels traditionnels, proposant des matelas pneumatiques chez l'habitant. Cependant, avec l'arrivée de Nathan Blecharczyk et le développement de la plateforme, Airbnb a rapidement élargi son offre pour inclure une variété de logements, offrant ainsi aux voyageurs une multitude d'options, des appartements aux maisons de luxe en passant par des cabanes rustiques et des hébergements atypiques. Cette diversification a contribué à attirer un public plus large et à ouvrir de nouvelles opportunités pour les hôtes.

Le modèle économique d'Airbnb repose sur un principe de partage économique, permettant aux particuliers de louer leur logement ou une partie de celui-ci pour des séjours de courte durée. Airbnb prélève une commission sur chaque réservation effectuée par l'hôte, ce qui lui a permis de devenir une entreprise prospère et un acteur majeur de l'industrie du tourisme. Grâce à la plateforme, de nombreux particuliers ont pu tirer profit de leur espace vacant, générant ainsi des revenus supplémentaires substantiels et offrant aux voyageurs une expérience plus personnalisée et locale. L'évolution constante du modèle économique d'Airbnb, combinée à une expansion mondiale rapide, a fait de cette plateforme un véritable moteur économique pour les hôtes et une alternative prisée pour les voyageurs à la recherche d'aventures authentiques.

Comment fonctionne Airbnb ?

Dans cette section, nous explorerons en détail le fonctionnement d'Airbnb, la plateforme révolutionnaire qui a transformé la façon dont les voyageurs cherchent des hébergements et dont les particuliers peuvent tirer profit de leurs propriétés inoccupées. Depuis sa création en 2008, Airbnb est devenu un géant mondial de l'industrie du tourisme et de l'hébergement, offrant des expériences uniques et personnalisées aux voyageurs tout en permettant aux hôtes de générer des revenus supplémentaires. Nous plongerons dans les différentes étapes du processus, de l'inscription en tant qu'hôte ou voyageur à la réservation et aux interactions entre les deux parties. De plus, nous examinerons les mécanismes mis en place par Airbnb pour garantir la sécurité et la confiance entre les utilisateurs. Découvrez comment cette plateforme innovante a révolutionné le secteur de l'hôtellerie en créant un écosystème où l'hospitalité et la convivialité vont de pair avec les opportunités entrepreneuriales.

Inscription et création d'un profil

La première étape pour participer à l'aventure Airbnb en tant qu'hôte ou voyageur est de s'inscrire et de créer un profil sur la plateforme. Pour devenir un hôte Airbnb, il suffit de fournir une adresse e-mail et de créer un mot de passe pour accéder à l'interface de gestion de son logement. Une fois connecté, l'hôte est invité à décrire son logement en détail, en indiquant sa localisation, ses caractéristiques (nombre de chambres, équipements disponibles, etc.), ainsi que des photos pour illustrer l'espace proposé. Cette étape est essentielle pour donner une première impression favorable aux potentiels voyageurs. Les hôtes ont également la possibilité de définir le prix de location par nuit et de spécifier les dates de disponibilité de leur logement. De plus, Airbnb propose une vérification d'identité optionnelle pour renforcer la confiance entre les hôtes et les voyageurs. Une fois le profil d'hôte complété, il est publié sur la plateforme, prêt à être découvert par les voyageurs en quête d'un lieu d'hébergement unique et authentique.

De leur côté, les voyageurs doivent également s'inscrire sur Airbnb en fournissant leur adresse e-mail et en créant un profil personnel. Les voyageurs sont encouragés à compléter leur profil en ajoutant des informations telles que leur nom, leur photo, une brève description d'eux-mêmes et éventuellement des évaluations d'hôtes précédents s'ils en ont déjà eu. Un profil bien renseigné inspire davantage de confiance aux hôtes potentiels, ce qui peut faciliter le processus de réservation. Une fois le profil créé, les voyageurs peuvent commencer leur recherche en spécifiant leur destination, leurs dates de séjour et leurs préférences concernant le type de logement recherché. Ils auront alors accès à une liste d'options correspondant à leurs critères de recherche, et pourront examiner les détails de chaque logement, consulter les évaluations laissées par d'autres voyageurs et entrer en contact avec les hôtes pour poser des questions spécifiques. Une fois la décision prise, ils pourront effectuer une demande de réservation, et une fois celle-ci acceptée par l'hôte, procéder au paiement en ligne, clôturant ainsi le processus de réservation sur Airbnb.

Réservation et paiement

Une fois que le voyageur a trouvé le logement qui correspond à ses attentes, il peut procéder à la réservation. Pour cela, il envoie une demande de réservation à l'hôte, en précisant les dates exactes de son séjour. L'hôte a alors la possibilité d'accepter ou de décliner la demande. Dans certains cas, l'hôte peut également proposer une modification des dates ou du prix. Une fois que l'hôte a accepté la demande, la réservation est confirmée, et le voyageur reçoit une notification avec tous les détails de son séjour. Les deux parties peuvent alors commencer à communiquer via la messagerie interne d'Airbnb pour régler les derniers détails et échanger des informations importantes concernant l'arrivée, les commodités, etc.

Pour finaliser la réservation, le voyageur doit effectuer le paiement en ligne. Airbnb propose différentes options de paiement, telles que les cartes de crédit, les virements bancaires et les paiements en ligne sécurisés. Le montant total de la réservation inclut le prix de la location ainsi que les frais de service d'Airbnb, qui représentent une petite commission prélevée par la plateforme pour faciliter la transaction et offrir des garanties supplémentaires aux voyageurs et aux hôtes. Une fois le paiement effectué, les fonds sont conservés par Airbnb jusqu'au début du séjour, ce qui permet d'assurer la sécurité financière des deux parties. Une fois que le voyageur est arrivé sur place et que tout s'est déroulé conformément aux attentes, Airbnb procède au déblocage des fonds pour que l'hôte puisse recevoir son paiement. En cas de problème ou de litige, Airbnb intervient en tant que tiers impartial pour résoudre la situation et s'assurer que les droits et intérêts des deux parties sont protégés. Grâce à ce processus sécurisé et transparent, les voyageurs peuvent effectuer leurs réservations en toute sérénité, et les hôtes sont assurés de recevoir leur rémunération de manière fiable et ponctuelle.

La relation entre l'hôte et le voyageur

La relation entre l'hôte et le voyageur est un élément clé du fonctionnement d'Airbnb. Dès le moment où la réservation est confirmée, les deux parties peuvent commencer à communiquer via la messagerie interne d'Airbnb. Cette communication directe permet à l'hôte et au voyageur de se familiariser davantage l'un avec l'autre, de poser des questions supplémentaires, de clarifier les détails du séjour et de partager des informations importantes concernant l'arrivée, les horaires, les règles de la maison, etc. Cette ouverture à la communication est encouragée par Airbnb, car elle contribue à établir un lien de confiance entre l'hôte et le voyageur.

Pendant le séjour, l'hôte est généralement disponible pour accueillir le voyageur et lui fournir des informations sur le logement et le quartier environnant. Certains hôtes offrent même des conseils sur les attractions locales, les restaurants et les activités à faire pendant le séjour, ce qui ajoute une touche personnelle et conviviale à l'expérience du voyageur. De leur côté, les voyageurs sont encouragés à respecter les règles de la maison et à traiter le logement avec soin, comme s'ils étaient chez eux. À la fin du séjour, les voyageurs ont souvent la possibilité de laisser un avis et une évaluation de leur expérience chez l'hôte, et vice versa. Ces avis et évaluations constituent un élément important du système de confiance d'Airbnb, car ils aident les futurs voyageurs à choisir leur logement en toute connaissance de cause et permettent aux hôtes d'établir leur réputation sur la plateforme. Grâce à cette interaction directe entre l'hôte et le voyageur, Airbnb favorise une expérience d'hébergement plus personnelle et authentique, contribuant ainsi à créer des souvenirs mémorables pour les voyageurs et à renforcer les liens entre les cultures et les communautés à travers le monde.

La sécurité et la confiance

La sécurité et la confiance sont des piliers essentiels du fonctionnement d'Airbnb. Pour garantir un environnement sûr, la plateforme met en place plusieurs mécanismes de vérification et de protection. Tout d'abord, les utilisateurs sont encouragés à compléter leur profil avec des informations personnelles telles que leur nom, leur photo et une brève description d'eux-mêmes. De plus, Airbnb propose une vérification d'identité optionnelle, où les utilisateurs peuvent soumettre des documents d'identification officiels pour renforcer la confiance entre les hôtes et les voyageurs.

Un autre élément clé de la sécurité d'Airbnb réside dans le système d'évaluations et de commentaires. Après chaque séjour, tant l'hôte que le voyageur ont la possibilité de laisser un avis sur leur expérience respective. Ces évaluations sont publiques et accessibles à tous les utilisateurs de la plateforme. Elles fournissent ainsi une source d'informations précieuses pour les futurs voyageurs et hôtes, leur permettant de prendre des décisions éclairées lors de leurs réservations. Cette transparence incite les participants à être respectueux et responsables, tout en favorisant un environnement d'hospitalité et de courtoisie.

En outre, Airbnb propose une garantie de protection pour les hôtes, Aircover, qui couvre les dommages matériels causés par les voyageurs jusqu'à un certain montant. Cette garantie rassure les hôtes quant à la sécurité de leur propriété et incite les voyageurs à être précautionneux et respectueux des lieux qu'ils occupent.

Enfin, pour les hôtes qui préfèrent une approche plus prudente, Airbnb propose également la possibilité de sélectionner des voyageurs spécifiques, en les acceptant ou en les refusant selon des critères prédéfinis.

Grâce à ces mesures, Airbnb s'efforce de créer un environnement de confiance mutuelle entre les hôtes et les voyageurs, permettant ainsi à des millions de personnes de partager leurs espaces de vie en toute sécurité et de vivre des expériences enrichissantes à travers le monde.

Politique de réservation

En tant que plateforme de location de courte durée, Airbnb possède une politique de réservation qui établit les règles et les directives que les hôtes et les voyageurs doivent suivre lorsqu'ils effectuent des réservations. Voici quelques points clés de la politique de réservation d'Airbnb :

1. **Processus de réservation** : Lorsqu'un voyageur souhaite réserver un logement sur Airbnb, il doit soumettre une demande de réservation à l'hôte. L'hôte a alors la possibilité d'accepter ou de refuser la demande. Une fois que l'hôte a accepté la réservation, le voyageur doit effectuer le paiement pour finaliser la réservation.

2. **Confirmation immédiate** : Certains hôtes choisissent d'activer l'option de "confirmation immédiate", ce qui signifie que les voyageurs peuvent

réserver instantanément sans avoir à attendre l'approbation de l'hôte. Cette option est pratique pour les voyageurs qui veulent réserver rapidement, mais tous les hôtes ne l'activent pas.

3. **Annulation** : Tant les hôtes que les voyageurs ont la possibilité d'annuler une réservation, mais des règles spécifiques s'appliquent en fonction du moment de l'annulation. Les voyageurs peuvent être soumis à des frais d'annulation selon les conditions spécifiques de l'annonce. De même, les hôtes peuvent également être pénalisés s'ils annulent trop de réservations.

4. **Paiements** : Airbnb propose un système de paiement sécurisé où les voyageurs effectuent le paiement au moment de la réservation. Les fonds sont conservés par Airbnb jusqu'à 24 heures après l'arrivée du voyageur pour s'assurer que tout se passe bien avant de les transférer à l'hôte.

5. **Modifications** : Les voyageurs peuvent demander des modifications à leur réservation, comme changer les dates ou le nombre de personnes. L'hôte a alors la possibilité d'accepter ou de refuser la demande de modification.

6. **Politique anti-discrimination** : Airbnb a mis en place une politique stricte de lutte contre la discrimination. Les hôtes ne peuvent pas refuser une réservation en fonction de la race, de la religion, de l'origine nationale, de l'orientation sexuelle, du handicap ou d'autres critères protégés.

7. **Commentaires et évaluations** : Après leur séjour, les voyageurs et les hôtes ont la possibilité de laisser des commentaires et des évaluations les uns sur les autres. Ces évaluations sont importantes pour la communauté Airbnb car elles permettent aux autres utilisateurs de prendre des décisions éclairées lorsqu'ils réservent un logement.

Il est essentiel de respecter la politique de réservation d'Airbnb pour garantir une expérience positive pour les hôtes et les voyageurs. En suivant ces directives, la plateforme vise à promouvoir la confiance et la transparence entre les utilisateurs et à offrir une expérience de location de courte durée sécurisée et agréable pour tous.

Le statut « SuperHost »

Le statut de Superhost est l'un des niveaux de reconnaissance les plus convoités par les hôtes sur Airbnb. Il est décerné aux hôtes qui offrent une expérience exceptionnelle à leurs voyageurs et qui répondent à certains critères de performance élevés. Ce statut est une marque de distinction valorisée dans la communauté des hôtes Airbnb et constitue une incitation supplémentaire à fournir un service de qualité pour atteindre et maintenir ce statut prestigieux.

Les critères pour devenir Superhost :

Pour obtenir le statut de Superhost, les hôtes doivent remplir plusieurs critères rigoureux établis par Airbnb. Sur une période de 12 mois, ils doivent:

- Avoir complété au moins 10 séjours ou avoir atteint 100 nuits réservées dans leurs logements.

- Maintenir un taux de réponse d'au moins 90 % aux demandes de réservation et aux messages des voyageurs. La réactivité est essentielle pour instaurer un climat de confiance avec les voyageurs potentiels.

- Maintenir un taux d'acceptation des réservations d'au moins 88 %. Cela signifie que la plupart des demandes de réservation doivent être acceptées, sauf dans des circonstances exceptionnelles.

- Avoir un taux d'annulation inférieur à 1 %. Les annulations doivent être évitées dans la mesure du possible, sauf dans des situations imprévues ou de force majeure.

- Recevoir d'excellentes évaluations de la part des voyageurs, avec un score global de 4,8 ou plus sur 5. Les voyageurs évaluent l'hôte sur divers critères tels que la propreté, l'emplacement, la communication et l'exactitude de la description.

Les avantages du statut de Superhost :

Le statut de Superhost offre plusieurs avantages significatifs aux hôtes :

- Un badge de Superhost est affiché sur leur profil, attirant ainsi l'attention des voyageurs potentiels et renforçant leur crédibilité.

- Une meilleure visibilité dans les résultats de recherche d'Airbnb. Les hôtes Superhost sont mis en avant dans les listes de recherche, ce qui augmente leurs chances d'être remarqués par les voyageurs.

- L'accès à des programmes spéciaux d'Airbnb. Les Superhosts peuvent bénéficier d'offres de voyage exclusives et d'invitations à des événements spéciaux organisés par Airbnb.

- Un support client prioritaire. Les Superhosts ont accès à un service client dédié, ce qui leur permet de recevoir une assistance rapide en cas de problème ou de question.

Maintenir le statut de Superhost :

Une fois qu'un hôte a obtenu le statut de Superhost, il doit continuer à respecter les critères de performance élevés pour maintenir ce statut privilégié. Cela implique de fournir un service de qualité constante, de rester réactif aux demandes des voyageurs, d'honorer la plupart des réservations et de maintenir un taux d'annulation bas. Les évaluations positives des voyageurs sont également cruciales pour conserver le statut de Superhost.

Le statut de Superhost sur Airbnb est une reconnaissance de l'engagement exceptionnel des hôtes envers l'hospitalité et la satisfaction des voyageurs. Atteindre et maintenir ce statut prestigieux offre des avantages tangibles pour les hôtes, tels qu'une meilleure visibilité, un support client prioritaire et l'accès à des offres spéciales. En poursuivant leurs efforts pour offrir des expériences de qualité à leurs invités, les hôtes peuvent non seulement renforcer leur réputation, mais également attirer davantage de voyageurs vers leurs logements et s'épanouir dans la communauté Airbnb.

L'impact d'Airbnb sur l'économie et la société

La montée en puissance d'Airbnb depuis sa création a été bien plus qu'une simple révolution dans l'industrie de l'hébergement. Cette plateforme novatrice a non seulement bouleversé le secteur du tourisme, mais elle a également eu un impact significatif sur l'économie et la société dans son ensemble. Dans cette section, nous explorerons en profondeur les multiples facettes de l'influence d'Airbnb, en examinant comment cette entreprise a remodelé le paysage de l'hôtellerie traditionnelle, encouragé l'économie du partage et créé de nouvelles opportunités pour les entrepreneurs du monde entier. Nous analyserons également son influence sociale, en soulignant comment Airbnb a favorisé les échanges culturels, enrichi les expériences de voyage et contribué à renforcer les liens entre les communautés à l'échelle mondiale. Découvrez comment Airbnb est devenu bien plus qu'une simple plateforme d'hébergement en ligne, en devenant un acteur majeur du changement dans le domaine du voyage et au-delà.

Le secteur de l'hébergement traditionnel

L'essor d'Airbnb a eu un impact profond sur le secteur de l'hébergement traditionnel, en particulier sur les hôtels, les auberges de jeunesse et les maisons d'hôtes. Avant l'avènement d'Airbnb, les voyageurs avaient principalement recours à ces établissements pour trouver un lieu de séjour. Cependant, l'arrivée de cette plateforme a offert une alternative séduisante en proposant des logements uniques, souvent à des prix plus abordables que les hôtels traditionnels. De plus, les logements Airbnb offrent souvent une expérience plus personnalisée et authentique, car ils sont souvent situés dans des quartiers résidentiels et permettent aux voyageurs d'interagir avec des locaux, leur offrant ainsi un aperçu plus profond de la culture locale. Cette concurrence a incité l'industrie hôtelière à repenser ses offres et à diversifier ses services pour rester compétitive. Certains hôtels ont adopté des approches plus centrées sur l'expérience client, en mettant l'accent sur la personnalisation, la qualité du service et la création d'expériences uniques pour leurs clients.

Toutefois, l'essor d'Airbnb n'a pas été sans controverses dans l'industrie hôtelière. Certains hôteliers ont exprimé des inquiétudes concernant une concurrence déloyale, car les hôtes Airbnb n'étaient pas soumis aux mêmes réglementations et taxes que les hôtels traditionnels. Dans certaines villes, des restrictions légales ont été imposées à Airbnb pour tenter de réguler son impact sur le marché de l'hébergement. Malgré ces défis, Airbnb a continué de prospérer, en trouvant des moyens de coopérer avec l'industrie hôtelière tout en maintenant son positionnement unique. Ainsi, l'émergence d'Airbnb a remodelé le secteur de l'hébergement traditionnel, poussant les acteurs établis à s'adapter et à innover pour répondre aux nouvelles attentes des voyageurs et à s'inscrire dans le contexte de l'économie du partage.

L'essor de l'économie du partage

L'émergence d'Airbnb a été un catalyseur majeur dans l'essor de l'économie du partage, également connue sous le nom d'économie collaborative. Cette économie se base sur le principe de mettre en relation des particuliers qui peuvent partager leurs biens ou leurs services avec d'autres individus. Airbnb a été l'un des pionniers de cette approche, permettant aux propriétaires de logements inoccupés de les partager avec des voyageurs en quête d'hébergement temporaire. Grâce à cette plateforme, des millions de particuliers ont pu transformer leurs propriétés en sources de revenus, contribuant ainsi à dynamiser l'économie locale et à renforcer la mobilité des ressources. L'économie du partage offre également aux voyageurs des options d'hébergement plus variées et abordables, ce qui leur permet d'explorer de nouvelles destinations de manière plus authentique, tout en soutenant directement les communautés locales.

L'essor de l'économie du partage ne se limite pas seulement à l'hébergement. De nombreuses autres plateformes ont émergé dans divers secteurs, tels que le covoiturage (comme Uber), la location de voitures entre particuliers, le partage de compétences et de services, et bien d'autres. Ces initiatives ont ouvert de nouvelles opportunités pour les entrepreneurs et les travailleurs indépendants, leur permettant de gagner un revenu supplémentaire en partageant leurs ressources, leurs compétences ou leur temps. Cependant, cette évolution a également soulevé des questions sur la régulation, la fiscalité et la protection des droits des travailleurs. Malgré ces défis, l'économie du partage continue de croître et de remodeler la façon dont nous consommons, interagissons et envisageons l'échange de biens et de services. Airbnb reste un acteur emblématique de cette transformation, démontrant la puissance d'une économie basée sur le partage, la confiance et la coopération.

Être un hôte Airbnb offre de nombreux avantages, mais il est important de peser ces avantages par rapport aux inconvénients potentiels avant de se lancer dans cette aventure. L'un des principaux avantages d'être un hôte Airbnb est la possibilité de générer des revenus supplémentaires en mettant à profit un logement inoccupé. Cela peut être particulièrement avantageux pour les propriétaires qui possèdent une résidence secondaire ou une chambre libre dans leur maison principale. En tant qu'hôte, vous avez également la liberté de définir vos propres règles et conditions pour les voyageurs, en termes de tarifs, de disponibilité et de modalités d'accueil. En outre, accueillir des voyageurs de différentes cultures et horizons peut être une expérience enrichissante, favorisant l'échange culturel et la création de souvenirs inoubliables.

Cependant, être un hôte Airbnb présente également des inconvénients potentiels. Tout d'abord, cela implique un engagement en termes de temps et d'efforts, car vous devez préparer votre logement pour accueillir les voyageurs, répondre à leurs questions, gérer les réservations et effectuer le ménage entre chaque séjour. De plus, il existe un risque inhérent lié à la location de votre logement à des étrangers, notamment en ce qui concerne les dommages matériels ou les problèmes de comportement des voyageurs. Bien qu'Airbnb propose une garantie de protection pour les hôtes, elle ne couvre pas nécessairement tous les scénarios. Par ailleurs, certaines réglementations locales peuvent limiter ou réguler la location à court terme, ce qui peut entraîner des contraintes ou des coûts supplémentaires pour les hôtes. Enfin, le succès en tant qu'hôte Airbnb dépend en grande partie de la demande de voyageurs dans votre région et de la concurrence avec d'autres logements disponibles, ce qui peut entraîner des fluctuations de revenus saisonnières ou imprévisibles. Il est donc essentiel pour les futurs hôtes de bien réfléchir à ces facteurs et de se préparer soigneusement avant de se lancer dans l'aventure Airbnb.

Airbnb est bien plus qu'une simple plateforme d'hébergement en ligne. C'est une révolution dans l'industrie du voyage et de l'hébergement, ayant des implications économiques, sociales et culturelles significatives. Depuis sa création en 2008, Airbnb a permis à de nombreux particuliers de devenir des entrepreneurs prospères, en gagnant leur vie grâce à leur propriété ou à la gestion d'hébergements pour les voyageurs. Ce guide explore en profondeur comment tirer parti du potentiel offert par le business d'Airbnb pour bâtir une activité lucrative et réussie.

LES DIFFERENTS TYPES DE LOGEMENTS PROPOSES SUR AIRBNB

Tout d'abord, nous avons les appartements, qui sont parmi les types de logements les plus courants et populaires sur Airbnb. Les appartements offrent généralement un espace privé, comprenant une chambre, une salle de bains, une cuisine équipée et un salon. Ils sont souvent situés en centre-ville ou dans des quartiers résidentiels, permettant ainsi aux voyageurs de se sentir immergés dans la vie locale de la destination qu'ils visitent. Les appartements sont un choix privilégié pour les voyageurs individuels, les couples ou les petites familles, car ils offrent une intimité et une indépendance précieuses.

Ensuite, nous avons les maisons et les villas, qui proposent un hébergement plus spacieux et privé. Ces logements sont parfaits pour les groupes plus importants ou les familles qui cherchent un espace confortable pour se détendre et passer du temps ensemble. Les maisons et les villas offrent souvent des caractéristiques supplémentaires, telles que des jardins, des terrasses, des piscines privées ou des espaces extérieurs, créant ainsi une ambiance de vacances relaxante et conviviale. Ces logements sont généralement situés dans des quartiers résidentiels ou dans des zones plus éloignées de la ville, offrant une atmosphère paisible et propice au repos.

En outre, Airbnb propose une gamme d'hébergements uniques et insolites, qui offrent une expérience de séjour vraiment originale. Parmi ces logements extraordinaires, on retrouve des cabanes dans les arbres, des yourtes, des péniches, des igloos, des tiny houses, des bulles transparentes et bien plus encore. Ces hébergements insolites attirent les voyageurs à la recherche d'aventure et de nouveauté, offrant ainsi des souvenirs inoubliables. Ils permettent aux voyageurs de vivre une expérience hors du commun, en s'évadant du quotidien et en se connectant à la nature de manière exceptionnelle.

Enfin, Airbnb propose également des chambres privées, qui permettent aux voyageurs de partager un logement avec l'hôte ou d'autres voyageurs. Cela offre une expérience plus sociale et immersive, idéale pour ceux qui recherchent des échanges culturels et des interactions avec les locaux. Les chambres privées sont souvent une option économique pour les voyageurs en solo ou les étudiants, car elles permettent de rencontrer de nouvelles personnes et de découvrir une destination sous un angle différent. Ces hébergements offrent également une opportunité de partager des conseils locaux et des recommandations avec l'hôte, permettant aux voyageurs de tirer le meilleur parti de leur séjour.

En offrant une variété de types de logements, Airbnb répond aux besoins et aux préférences diverses des voyageurs, garantissant ainsi une expérience de séjour personnalisée et mémorable pour chaque invité. Que ce soit pour une escapade urbaine en appartement, des vacances en famille dans une villa, une expérience insolite dans une cabane dans les arbres, ou une immersion culturelle en partageant une chambre privée, Airbnb offre des options d'hébergement pour tous les goûts et tous les budgets.

QUELS SONT LES HEBERGEMENTS LES PLUS RENTABLES SUR AIRBNB ?

Les hébergements les plus rentables sur Airbnb peuvent varier en fonction de plusieurs facteurs, tels que l'emplacement, la saisonnalité, la demande locale, la taille de l'hébergement, les équipements offerts, et bien plus encore. Cependant, certains types de logements ont tendance à générer des revenus plus élevés que d'autres en raison de leur popularité et de leur attrait auprès des voyageurs. Voici quelques exemples d'hébergements qui peuvent être particulièrement rentables sur Airbnb :

1. **Les appartements en centre-ville** sont parmi les hébergements les plus rentables sur Airbnb en raison de leur emplacement privilégié et de leur accessibilité aux principales attractions touristiques, aux restaurants, aux magasins et aux transports en commun. Les voyageurs apprécient la commodité de séjourner au cœur de la ville, ce qui leur permet de découvrir facilement tout ce que la destination a à offrir.

Leur emplacement stratégique permet aux appartements en centre-ville de bénéficier d'une forte demande tout au long de l'année, car ils attirent des voyageurs d'affaires, des touristes et des voyageurs en quête d'expériences culturelles. En fonction de la popularité de la destination, les appartements en centre-ville peuvent générer des revenus stables pendant les périodes de haute saison touristique et peuvent même bénéficier de réservations de dernière minute pour les voyageurs de passage.

Outre leur emplacement, les appartements en centre-ville peuvent également offrir un avantage en termes de tarification. En raison de la demande élevée, les hôtes peuvent généralement fixer des prix légèrement plus élevés pour leur logement par rapport à des hébergements situés en périphérie de la ville.

Cependant, il est important de rester compétitif en analysant régulièrement les tarifs des hébergements similaires dans la région.

Pour maximiser la rentabilité des appartements en centre-ville sur Airbnb, les hôtes doivent s'efforcer de fournir une expérience de séjour exceptionnelle. Cela implique de maintenir le logement propre, bien entretenu et équipé de toutes les commodités essentielles. De plus, l'hôte peut offrir des conseils locaux sur les meilleurs endroits à visiter, les restaurants populaires et les activités à faire dans la région, ce qui ajoute une valeur supplémentaire à l'expérience du voyageur.

Enfin, en obtenant de bons commentaires de la part des voyageurs satisfaits, les appartements en centre-ville peuvent bénéficier d'une meilleure visibilité et d'une réputation positive sur Airbnb, attirant ainsi plus de voyageurs potentiels et contribuant à augmenter leur taux d'occupation et leurs revenus. En combinant un excellent emplacement, un bon service et une tarification compétitive, les appartements en centre-ville peuvent être un investissement rentable pour les hôtes sur la plateforme Airbnb.

2. **Les maisons avec piscine** sont l'un des types d'hébergements les plus attractifs sur Airbnb et peuvent être très rentables, en particulier dans les régions chaudes et ensoleillées ou les destinations touristiques prisées. Ces logements offrent aux voyageurs une expérience de séjour luxueuse et relaxante, ce qui en fait un choix très populaire pour les vacanciers en quête de détente et de confort.

La présence d'une piscine privée est un atout majeur pour les maisons proposées sur Airbnb, car elle permet aux voyageurs de se rafraîchir et de se divertir directement sur place, sans avoir à se déplacer vers des piscines publiques ou des plages bondées. Cela offre une intimité et une exclusivité précieuses aux voyageurs, qui peuvent profiter de moments de détente en famille ou entre amis dans un cadre privé.

Les maisons avec piscine peuvent attirer une clientèle diversifiée, des familles en vacances aux groupes d'amis en passant par les couples recherchant une escapade romantique. Cette diversité de la clientèle permet aux hôtes de maintenir un taux d'occupation élevé tout au long de l'année, car ces hébergements peuvent être attractifs aussi bien en été qu'en hiver, offrant ainsi une source de revenus stable.

Pour optimiser la rentabilité des maisons avec piscine sur Airbnb, les hôtes doivent s'assurer que leur logement offre des équipements de qualité, en plus de la piscine. Cela peut inclure des espaces extérieurs bien aménagés, tels que des terrasses, des jardins ou des espaces de barbecue, ainsi que des équipements intérieurs tels qu'une cuisine bien équipée, des chambres confortables et des installations modernes.

Il est également essentiel de proposer des photographies attrayantes de la maison et de la piscine dans l'annonce Airbnb, car des images convaincantes suscitent l'intérêt des voyageurs et les incitent à réserver. Les hôtes peuvent également proposer des extras, comme des services de nettoyage supplémentaires ou des forfaits de bienvenue, pour ajouter de la valeur à l'expérience du voyageur et les inciter à laisser de bons commentaires.

En fin de compte, les maisons avec piscine peuvent être une option très lucrative pour les hôtes sur Airbnb, car elles offrent une expérience de séjour exclusive et attractive pour les voyageurs, tout en permettant aux propriétaires de maximiser leurs revenus en proposant un hébergement haut de gamme et relaxant.

3. **Les hébergements atypiques** sont l'une des catégories les plus fascinantes et uniques proposées sur Airbnb, et ils peuvent être très rentables en raison de leur caractère insolite et de l'expérience mémorable qu'ils offrent aux voyageurs. Ces logements extraordinaires sortent des sentiers battus et permettent aux voyageurs de vivre des aventures hors du commun, en s'éloignant des hébergements traditionnels.

Parmi les hébergements atypiques les plus populaires, on retrouve les cabanes dans les arbres, qui offrent une connexion intime avec la nature et permettent aux voyageurs de passer des nuits au milieu des branches, avec des vues panoramiques sur la nature environnante. Les yourtes sont également très recherchées pour leur ambiance authentique et leurs designs uniques, offrant une expérience de séjour hors du temps, tout en offrant le confort moderne.

Les péniches sont une autre option originale et prisée, surtout dans les villes ou régions bordées de canaux. Elles permettent aux voyageurs de séjourner sur l'eau, offrant une expérience paisible et romantique, tout en étant proches des centres urbains. Les tiny houses, des logements compacts et écologiques, sont également très en vogue auprès des voyageurs en quête de minimalisme et de durabilité.

Les bulles transparentes, une nouvelle tendance dans l'hébergement atypique, permettent aux voyageurs de dormir sous les étoiles, offrant une expérience immersive et magique. Ces hébergements offrent une atmosphère romantique et unique, parfaite pour les escapades en couple ou pour vivre des moments inoubliables en pleine nature.

Ces hébergements atypiques ont le pouvoir d'attirer une clientèle à la recherche de nouveauté et d'expériences uniques, ce qui les rend très rentables sur Airbnb. Les voyageurs sont prêts à payer davantage pour vivre des séjours hors du commun et pour créer des souvenirs inoubliables. Cependant, pour maximiser leur rentabilité, il est essentiel que ces logements atypiques offrent également un niveau de confort et de commodités satisfaisant, afin que les voyageurs puissent profiter pleinement de leur expérience de séjour. En investissant dans la conception, l'entretien et la promotion de ces hébergements, les hôtes peuvent créer une expérience inoubliable pour les voyageurs tout en maximisant leurs revenus sur la plateforme Airbnb.

4. **Les maisons ou villas de luxe** sont parmi les hébergements les plus exclusifs et prestigieux proposés sur Airbnb, et ils peuvent être extrêmement rentables en raison de leur caractère haut de gamme et de leur attrait auprès d'une clientèle aisée en quête de séjours luxueux. Ces propriétés offrent un niveau élevé de confort, de raffinement et d'intimité, ce qui les rend très prisées par les voyageurs fortunés cherchant une expérience de séjour exceptionnelle.

Ces maisons ou villas de luxe sont souvent situées dans des destinations prisées, offrant des vues panoramiques sur l'océan, les montagnes ou des panoramas urbains époustouflants. Elles sont généralement spacieuses, avec de multiples chambres, salles de bains, salles de séjour, espaces extérieurs tels que des piscines, des jacuzzis, des terrasses, des jardins bien aménagés et parfois même des courts de tennis ou des héliports.

En raison de leur statut haut de gamme, ces propriétés de luxe peuvent être louées à un tarif journalier considérablement plus élevé que les hébergements standards. Les voyageurs fortunés sont prêts à payer un prix premium pour bénéficier d'une expérience de séjour privilégiée et de prestations exceptionnelles.

Outre l'emplacement et les installations haut de gamme, les maisons ou villas de luxe se distinguent également par un niveau élevé de services et d'attention aux détails. Les hôtes de ces propriétés peuvent proposer des services supplémentaires tels que des chefs privés, des majordomes, des services de nettoyage quotidien, des massages ou des visites guidées personnalisées, afin d'offrir une expérience sur mesure et de répondre aux attentes exigeantes de la clientèle.

Cependant, pour maintenir leur réputation de luxe et maximiser leur rentabilité, il est essentiel que ces propriétés soient impeccablement entretenues et que les hôtes offrent un service irréprochable. Les commentaires des voyageurs sont d'une importance cruciale pour ces propriétés haut de gamme, car ils influent sur la réputation et la demande future.

En conclusion, les maisons ou villas de luxe offrent une opportunité lucrative pour les hôtes sur Airbnb, car elles attirent une clientèle aisée recherchant une expérience de séjour exclusive et personnalisée. En fournissant un niveau élevé de confort, de services et d'attention aux détails, les hôtes peuvent créer une expérience inoubliable pour les voyageurs fortunés, tout en générant des revenus substantiels grâce à la location de ces propriétés de prestige.

5. **Les chambres privées** dans des lieux prisés sont une option attrayante pour les hôtes sur Airbnb, offrant une opportunité de rentabilité tout en permettant aux voyageurs de partager un logement avec l'hôte ou d'autres voyageurs. Ces chambres sont généralement situées dans des quartiers populaires, proches des principales attractions touristiques, des centres-villes animés ou des quartiers branchés. La localisation privilégiée de ces chambres attire les voyageurs à la recherche d'une expérience immersive et authentique.

Les chambres privées permettent aux voyageurs de bénéficier de conseils et de recommandations locaux de la part de l'hôte, créant ainsi une ambiance conviviale et chaleureuse. Les hôtes peuvent partager leurs connaissances sur les meilleurs endroits à visiter, les restaurants locaux, les événements culturels et les activités incontournables, ce qui ajoute une valeur supplémentaire à l'expérience des voyageurs.

Les chambres privées offrent une option plus abordable par rapport à la location d'un logement entier, ce qui les rend attrayantes pour les voyageurs en solo ou les petits groupes. Les voyageurs à budget limité peuvent choisir les chambres privées pour économiser de l'argent tout en bénéficiant d'un hébergement confortable et de la possibilité de rencontrer d'autres voyageurs du monde entier.

Les chambres privées dans des lieux prisés peuvent bénéficier d'une demande élevée, en particulier dans les destinations touristiques populaires ou lors d'événements spéciaux. Pour maximiser leur rentabilité, les hôtes peuvent ajuster leurs tarifs en fonction de la saisonnalité et de la demande locale. Ils peuvent également offrir des extras, comme un petit-déjeuner continental, un service de blanchisserie ou des équipements supplémentaires, pour rendre leur offre plus attrayante.

La communication et l'interaction avec les voyageurs sont des aspects clés pour les hôtes proposant des chambres privées. Les hôtes doivent être accueillants, attentionnés et disponibles pour répondre aux questions des voyageurs et les aider à se sentir chez eux. Les bons commentaires et les évaluations positives des voyageurs satisfaits jouent un rôle essentiel dans l'attraction de nouveaux clients et dans le maintien d'une réputation positive sur Airbnb.

En conclusion, les chambres privées dans des lieux prisés offrent une option rentable pour les hôtes sur Airbnb, en attirant une clientèle en quête d'une expérience conviviale et authentique. En fournissant un hébergement confortable et en offrant un service personnalisé, les hôtes peuvent créer une expérience mémorable pour les voyageurs tout en générant des revenus grâce à la location de leurs chambres privées.

Il est important de noter que la rentabilité d'un hébergement sur Airbnb dépend également de la gestion, de la tarification, de la propreté, des commentaires des voyageurs, et de la réputation générale de l'hôte. Quel que soit le type d'hébergement que vous proposez, fournir un excellent service et créer une expérience de séjour exceptionnelle pour les voyageurs sont des facteurs essentiels pour maximiser vos revenus sur Airbnb.

LANCEMENT ET PREPARATION

Évaluation de vos ressources et compétences pour devenir hôte

Avant de vous lancer en tant qu'hôte sur Airbnb, il est essentiel d'effectuer une évaluation approfondie de vos ressources et compétences. Cette étape préliminaire vous permettra de déterminer si vous êtes prêt à relever les défis et à saisir les opportunités offertes par cette activité lucrative.

Tout d'abord, évaluez votre propriété et ses caractéristiques. Prenez en compte sa localisation, sa taille, son état général, ainsi que ses commodités et équipements. Une propriété bien située, offrant des installations attrayantes et un confort optimal, aura plus de chances de susciter l'intérêt des voyageurs.

Ensuite, analysez vos disponibilités en termes de temps et d'efforts. La gestion d'un logement sur Airbnb demande du temps pour répondre aux demandes de réservation, accueillir les voyageurs et assurer l'entretien régulier de votre propriété. Vous devrez également vous engager à être réactif aux commentaires et aux besoins des voyageurs pour garantir une expérience client satisfaisante.

Évaluez également vos compétences en matière de communication et de service à la clientèle. Un bon hôte Airbnb doit être capable de communiquer efficacement avec les voyageurs, de répondre à leurs questions et de résoudre rapidement les éventuels problèmes. Fournir un service chaleureux, amical et attentionné contribue grandement à créer une expérience mémorable pour les invités.

En parallèle, prenez en considération les réglementations locales et les exigences légales liées à la location saisonnière dans votre région. Assurez-vous de respecter les lois en vigueur concernant les locations touristiques, les taxes et les règles de sécurité pour éviter tout problème juridique ou financier.

Enfin, évaluez vos objectifs financiers. Déterminez combien vous souhaitez gagner en tant qu'hôte Airbnb et élaborez un plan financier réaliste pour atteindre vos objectifs. Prenez en compte les frais liés à la gestion de votre logement, tels que les frais de ménage, les taxes et les coûts de maintenance.

En procédant à une évaluation complète de vos ressources et compétences, vous serez en mesure de prendre une décision éclairée quant à devenir hôte sur Airbnb. Si vous constatez que vous disposez des ressources nécessaires et que vous êtes prêt à vous engager pleinement, vous serez mieux préparé pour réussir dans cette aventure et offrir une expérience exceptionnelle aux voyageurs qui séjourneront dans votre logement.

Identifier le bon emplacement et votre future propriété

Identifier le bon emplacement et le type de propriété pour votre offre sur Airbnb est une étape cruciale pour réussir en tant qu'hôte. Le choix de l'emplacement et du type de logement aura un impact direct sur la demande de votre annonce et sur le niveau de revenus que vous pourrez générer.

Tout d'abord, étudiez attentivement les caractéristiques géographiques de votre région. Les destinations touristiques prisées, les quartiers centraux ou les zones proches des attractions majeures auront généralement une plus grande demande. Prenez en compte la proximité des transports en commun, des restaurants, des commerces et des lieux d'intérêt, car cela peut être un atout pour attirer des voyageurs.

Ensuite, tenez compte des préférences des voyageurs et du marché cible que vous souhaitez atteindre. Par exemple, si vous visez principalement les voyageurs d'affaires, un emplacement proche des quartiers d'affaires ou des centres de congrès serait judicieux. Si vous ciblez plutôt les voyageurs en quête d'expériences authentiques, un quartier local et pittoresque peut être plus approprié.

Choisir le bon type de propriété est également crucial. Les logements entiers offrent généralement plus d'intimité et de confort, ce qui peut attirer des familles ou des groupes d'amis. En revanche, si vous disposez d'une chambre d'amis ou d'un espace partagé, cela peut être une option économique pour les voyageurs en solo ou les couples.

L'état général de la propriété est également un facteur déterminant. Assurez-vous que votre logement est en bon état et bien entretenu. Des équipements modernes et des touches de décoration attrayantes peuvent augmenter l'attrait de votre offre.

Enfin, n'oubliez pas de considérer les réglementations locales concernant la location saisonnière. Certaines villes ont des règles spécifiques sur les types de propriétés autorisées à être louées sur des plateformes comme Airbnb, ainsi que sur les conditions de location et les taxes à payer.

En identifiant le bon emplacement et le type de propriété pour votre offre sur Airbnb, vous pourrez maximiser la demande de votre logement et attirer des voyageurs qui seront enchantés par leur séjour chez vous. Cette étape clé vous permettra de créer une expérience mémorable pour vos invités et de poser les bases d'une activité lucrative en tant qu'hôte Airbnb.

Calcul du chiffre d'affaire potentiel

Etude de marché avec AIRDNA

Pour réaliser une étude de marché local complète et précise, de nombreux hôtes Airbnb utilisent le logiciel Airdna. Airdna est une plateforme d'analyse de données spécialisée dans l'industrie de la location à court terme, offrant des informations détaillées sur le marché de l'hébergement dans une région spécifique. En utilisant Airdna, les hôtes peuvent accéder à une multitude de données pertinentes, telles que les taux d'occupation, les tarifs pratiqués par les concurrents, les tendances saisonnières, et bien plus encore. Grâce à ces informations, les hôtes peuvent mieux comprendre la demande des voyageurs et ajuster leur stratégie de tarification en conséquence, en optimisant leurs revenus tout au long de l'année.

Airdna offre également des fonctionnalités de comparaison de logements similaires dans la région, ce qui permet aux hôtes de déterminer comment leur logement se positionne par rapport à la concurrence. Les données fournies par Airdna sont régulièrement mises à jour, ce qui permet aux hôtes de rester informés des évolutions du marché et d'ajuster leur offre en conséquence. En utilisant Airdna pour réaliser leur étude de marché local, les hôtes Airbnb sont en mesure de prendre des décisions éclairées concernant leur tarification, leur stratégie de gestion des réservations et leur offre globale, leur permettant ainsi de maximiser le potentiel de leur logement sur la plateforme Airbnb et de se démarquer dans un marché concurrentiel.

Comment fonctionne AIRDNA ?

Airdna est un outil d'analyse de données qui se spécialise dans l'industrie de la location à court terme, notamment pour les hôtes Airbnb. Le fonctionnement d'Airdna repose sur la collecte, l'agrégation et l'analyse de vastes quantités de données provenant de différentes sources, telles que les plateformes de location à court terme, les sites d'annonces immobilières, les agences de voyage en ligne, les données publiques, etc. Voici comment Airdna fonctionne :

1. **Collecte de données** : Airdna collecte des données sur les locations à court terme dans le monde entier. Ces données incluent des informations sur les tarifs, les taux d'occupation, les types de logements proposés, les commodités offertes, les évaluations des voyageurs et bien plus encore. Ces données sont continuellement mises à jour pour refléter les tendances du marché en temps réel.

2. **Agrégation des données** : Une fois que les données sont collectées, Airdna les agrège et les organise de manière à fournir des statistiques et des analyses pertinentes pour les hôtes Airbnb. Les données sont segmentées par emplacement géographique, par type de logement, par période de réservation, et d'autres critères pertinents, ce qui permet aux utilisateurs d'obtenir des informations précises sur leur marché spécifique.

3. **Analyse des données** : Airdna utilise des algorithmes sophistiqués pour analyser les données agrégées et en tirer des informations utiles. Les hôtes peuvent accéder à des tableaux de bord intuitifs et des rapports détaillés qui leur permettent de visualiser les tendances du marché, les fluctuations saisonnières, la concurrence locale, les prix moyens, les taux d'occupation, et bien d'autres informations pertinentes pour leur activité.

4. **Recommandations et insights** : En se basant sur l'analyse des données, Airdna fournit des recommandations et des insights aux hôtes Airbnb. Ces informations leur permettent de prendre des décisions éclairées concernant leur stratégie de tarification, leur offre de services, leur marketing, et bien plus encore. Airdna aide ainsi les hôtes à optimiser leurs revenus et à améliorer la performance globale de leurs locations à court terme.

En résumé, Airdna fonctionne en collectant, agrégeant et analysant de grandes quantités de données sur l'industrie de la location à court terme, puis en fournissant des informations pertinentes et des recommandations aux hôtes Airbnb, leur permettant ainsi de prendre des décisions stratégiques pour maximiser leurs revenus et leur succès sur la plateforme.

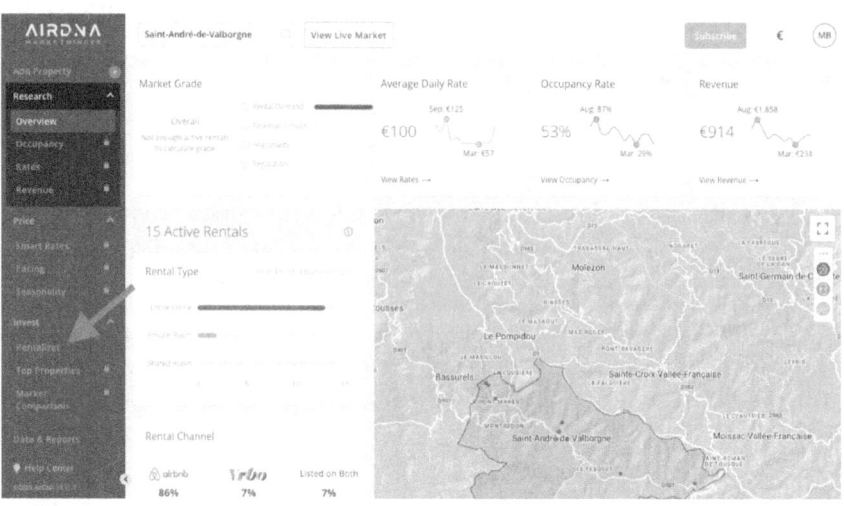

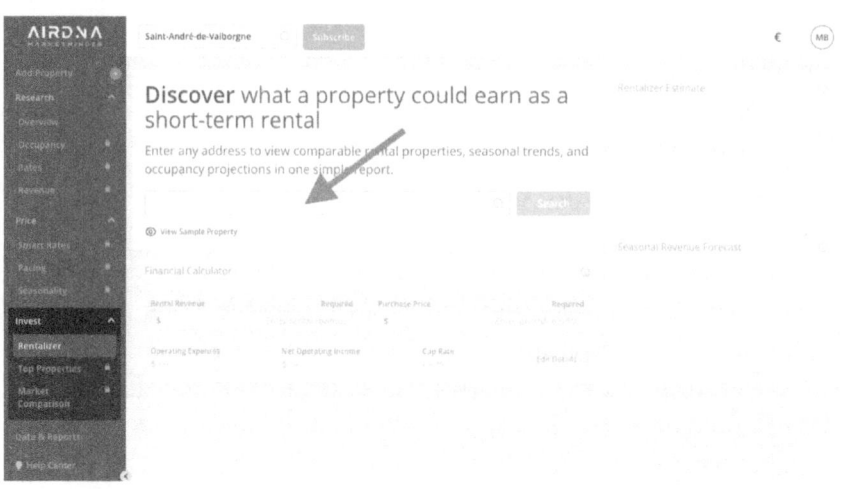

Définir votre offer de location

Dans la phase de planification de votre entreprise Airbnb, établir des objectifs clairs est une étape fondamentale pour orienter votre démarche et définir la direction de votre activité. Commencez par définir vos objectifs financiers, en vous fixant des revenus mensuels ou annuels spécifiques que vous souhaitez générer grâce à votre logement. Ces objectifs financiers vous donneront un repère concret pour évaluer votre performance et vous permettront de suivre vos progrès au fil du temps. De plus, identifiez le taux d'occupation que vous visez pour votre logement, c'est-à-dire le pourcentage de jours où votre logement sera occupé. Cela vous aidera à anticiper les périodes de forte demande et à ajuster votre tarification en conséquence pour optimiser vos revenus.

En plus des objectifs financiers, pensez à définir des objectifs liés à la qualité du service que vous souhaitez offrir aux voyageurs. Par exemple, vous pouvez viser à obtenir un certain nombre d'évaluations positives ou à atteindre un niveau élevé de satisfaction client. Ces objectifs axés sur la qualité de l'expérience que vous proposez renforceront votre réputation en tant qu'hôte fiable et contribueront à fidéliser les voyageurs. Veillez à ce que vos objectifs soient réalistes, mesurables et réalisables. Fixez-vous des délais pour atteindre ces objectifs, ce qui vous permettra de rester concentré et de prendre des mesures concrètes pour les réaliser. En établissant des objectifs clairs pour votre entreprise Airbnb, vous serez mieux préparé pour définir une stratégie solide et vous donnera une feuille de route pour vous guider vers le succès en tant qu'hôte prospère.

Voici un exemple de la définition de l'offre pour un logement Airbnb :

- Charmante maison de vacances en bord de mer

Description : Notre maison de vacances est idéalement située en bord de mer, offrant une vue imprenable sur l'océan depuis le balcon et la terrasse. Dotée d'un design moderne et d'une décoration élégante, elle peut accueillir jusqu'à six personnes confortablement. La maison dispose de trois chambres spacieuses avec des lits confortables, deux salles de bains modernes, et une cuisine entièrement équipée avec tous les appareils nécessaires pour préparer de délicieux repas.

Commodités : En plus d'une connexion Wi-Fi haut débit, nous offrons également une télévision grand écran avec accès aux chaînes câblées. Les voyageurs peuvent profiter d'un accès gratuit à notre espace commun, qui comprend une piscine extérieure, un jacuzzi et un barbecue pour des moments de détente en famille ou entre amis. Pour rendre leur séjour encore plus agréable, nous fournissons des serviettes de plage, des parasols et des chaises de plage.

Expérience : Nous souhaitons offrir à nos voyageurs une véritable expérience de vacances en bord de mer. Pour cela, nous mettons à leur disposition un guide complet des meilleures activités, des restaurants et des attractions à proximité. De plus, nous accueillons chaque voyageur avec un panier de bienvenue rempli de délicieuses spécialités locales. Notre objectif est de créer des souvenirs inoubliables pour nos invités et de faire de leur séjour une escapade relaxante et mémorable au bord de l'océan.

Voici un autre exemple de la définition de l'offre pour un logement Airbnb :

- Appartement moderne au cœur de la ville historique

Description : Notre appartement moderne est idéalement situé au cœur de la ville historique, à quelques pas des principales attractions touristiques, des restaurants branchés et des boutiques pittoresques. Cet espace élégant et lumineux peut accueillir jusqu'à quatre personnes et offre tout le confort nécessaire pour un séjour agréable. Il comprend deux chambres confortables, une salle de bains moderne, et un salon spacieux avec une cuisine ouverte entièrement équipée.

Commodités : Pour offrir une expérience pratique et confortable, nous mettons à disposition une connexion Wi-Fi haut débit et une télévision intelligente avec accès à des services de streaming. La cuisine est équipée d'appareils modernes, d'ustensiles de cuisine et de vaisselle pour permettre aux voyageurs de cuisiner leurs repas préférés. De plus, nous fournissons des draps et des serviettes de qualité pour un séjour sans souci.

Expérience : Nous voulons offrir à nos voyageurs une immersion authentique dans la vie de la ville. C'est pourquoi nous avons créé un guide personnalisé avec nos recommandations locales préférées, allant des meilleurs cafés pour prendre le petit-déjeuner aux lieux méconnus à visiter. Pour rendre leur séjour encore plus spécial, nous accueillons chaque invité avec une bouteille de vin local et des friandises régionales. Notre objectif est de créer une expérience chaleureuse et mémorable, permettant à nos invités de découvrir le charme unique de notre ville historique.

En définissant une offre claire et en mettant en évidence les avantages de votre logement, vous attirerez l'attention des voyageurs potentiels et les inciterez à choisir votre appartement sur Airbnb. En personnalisant l'expérience de vos invités avec des recommandations locales et des petites attentions, vous créerez un séjour inoubliable et inciterez les voyageurs à partager leur expérience positive, contribuant ainsi à renforcer la réputation de votre logement et à attirer davantage de réservations.

Fixation des prix compétitifs et stratégie de tarification

La tarification est un aspect essentiel de la gestion d'une entreprise Airbnb, car elle joue un rôle déterminant dans la génération de revenus et dans la compétitivité de votre logement sur la plateforme. Le logiciel Airdna est un outil précieux pour vous aider à établir une stratégie de tarification efficace. Grâce à ses données actualisées sur les taux d'occupation, les prix pratiqués par la concurrence et les tendances du marché local, vous pouvez prendre des décisions éclairées concernant le prix de location de votre logement. Airdna vous permet d'analyser les périodes de forte demande et de faible demande dans votre région, vous aidant ainsi à définir des tarifs saisonniers pour maximiser vos revenus. Vous pouvez également comparer votre logement avec des biens similaires dans la région, ce qui vous permet de déterminer si votre tarification est compétitive et d'ajuster vos prix en conséquence.

En utilisant Airdna, vous pouvez également surveiller l'évolution des prix pratiqués par vos concurrents en temps réel. Cela vous permet d'ajuster votre stratégie de tarification en fonction des changements du marché, vous offrant ainsi un avantage concurrentiel. De plus, Airdna vous fournit des données sur les événements et les festivals locaux qui pourraient influencer la demande de voyageurs. Vous pouvez utiliser ces informations pour ajuster vos tarifs en fonction des périodes de forte affluence liées à des événements spécifiques. Enfin, en analysant les taux d'occupation et les prix moyens des logements similaires dans votre région, Airdna vous aide à établir un prix optimal pour votre logement afin de maximiser vos revenus tout en restant compétitif sur le marché. Grâce à ces informations et à ces analyses fournies par Airdna, vous pouvez élaborer une stratégie de tarification solide et bien informée, qui vous aidera à attirer des voyageurs et à optimiser la rentabilité de votre logement Airbnb.

Dans la gestion de votre tarification sur Airbnb, l'utilisation du logiciel Pricelabs peut être un atout précieux pour optimiser vos revenus. Pricelabs est un outil d'optimisation de tarification basé sur l'intelligence artificielle qui analyse en temps réel les données du marché, les tendances saisonnières, les événements locaux et d'autres facteurs pertinents pour ajuster automatiquement vos tarifs. Le logiciel prend en compte plusieurs variables telles que les taux d'occupation passés, la demande prévue, la concurrence locale, les réservations anticipées et bien plus encore pour calculer des prix compétitifs et rentables pour chaque nuitée de votre logement.

Grâce à Pricelabs, vous pouvez établir des règles de tarification personnalisées pour répondre à vos objectifs spécifiques. Par exemple, vous pouvez définir des tarifs plus élevés pendant les périodes de forte demande ou les événements locaux, et des tarifs réduits pour attirer les voyageurs pendant les périodes creuses. De plus, le logiciel prend en compte les réservations à long terme, offrant ainsi des remises spéciales pour les séjours prolongés, ce qui peut encourager les voyageurs à réserver davantage de nuits.

En outre, Pricelabs propose une fonction de tarification dynamique qui ajuste automatiquement vos tarifs en fonction des changements du marché et de la demande. Vous pouvez recevoir des notifications en temps réel pour vous informer des ajustements effectués par le logiciel, vous permettant ainsi de rester au courant des fluctuations du marché et d'adapter votre stratégie en conséquence. En utilisant le logiciel Pricelabs pour optimiser votre tarification, vous pouvez maximiser vos revenus en offrant des prix compétitifs et en tirant parti des périodes de forte demande, tout en maintenant votre logement compétitif sur la plateforme Airbnb.

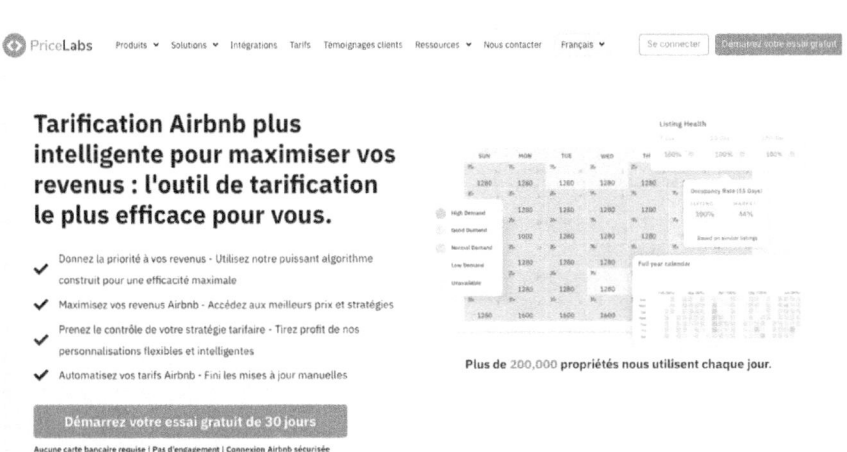

Optimisation de votre espace pour attirer les voyageurs

L'optimisation de votre espace est essentielle pour attirer les voyageurs sur Airbnb. En mettant en valeur les atouts de votre logement, vous pouvez susciter l'intérêt des potentiels clients et les inciter à choisir votre annonce parmi la concurrence.

Tout d'abord, assurez-vous que votre espace est propre, bien rangé et accueillant. Un logement propre et bien entretenu est un critère fondamental pour les voyageurs. Assurez-vous que tous les espaces, y compris la cuisine et la salle de bains, sont impeccables et prêts à être utilisés dès l'arrivée des invités.

Ensuite, adoptez une décoration attrayante et fonctionnelle. Optez pour un style neutre et élégant qui plaira à un large public. Des touches de décoration soignées et des équipements modernes peuvent créer une ambiance chaleureuse et confortable, invitant les voyageurs à se sentir comme chez eux.

N'oubliez pas d'optimiser l'espace de rangement. Les voyageurs apprécient un logement où ils peuvent facilement ranger leurs affaires et se sentir organisés. Assurez-vous qu'il y a suffisamment de rangements disponibles pour les vêtements, les bagages et autres effets personnels.

Pensez également à offrir des équipements pratiques pour rendre le séjour de vos invités plus agréable. Des équipements tels que le Wi-Fi haut débit, la télévision, un lave-linge ou encore une cuisine bien équipée peuvent faire la différence et inciter les voyageurs à choisir votre logement plutôt qu'un autre.

Enfin, mettez en avant les atouts de l'emplacement de votre logement. Si vous êtes proche de sites touristiques, de restaurants populaires, de transports en commun ou de parcs, n'hésitez pas à le mentionner dans votre annonce. Un emplacement pratique et attractif peut être un véritable argument de vente pour attirer les voyageurs.

En optimisant votre espace pour attirer les voyageurs, vous augmenterez vos chances de recevoir des réservations et de générer des revenus réguliers en tant qu'hôte sur Airbnb. Offrir un logement propre, bien décoré et bien équipé, tout en mettant en avant les atouts de l'emplacement, contribuera à créer une expérience mémorable pour les voyageurs et à vous démarquer dans un marché compétitif.

COMMENT FINANCER VOTRE PREMIER BIEN IMMOBILIER

Comment financer de l'opération ?

L'achat d'un bien immobilier en vue de le mettre en location sur Airbnb peut être un investissement lucratif, mais cela nécessite des fonds pour réaliser l'opération. Dans ce chapitre, nous examinerons point par point les différentes options de financement disponibles pour vous aider à acquérir la propriété dont vous avez besoin pour démarrer votre activité de location sur Airbnb.

1. **Évaluer votre capacité d'emprunt** : Avant de vous lancer dans l'achat d'un bien immobilier, commencez par évaluer votre capacité d'emprunt. Calculez votre capacité d'emprunt en fonction de vos revenus, de vos dettes, de votre historique de crédit et de votre apport personnel. Cela vous donnera une idée du montant que vous pouvez emprunter auprès des banques ou des prêteurs.

2. **Apport personnel** : Si vous disposez d'une épargne, vous pouvez envisager d'utiliser votre apport personnel pour financer une partie de l'achat du bien immobilier. Un apport personnel plus important peut vous permettre d'obtenir des taux d'intérêt plus avantageux et de réduire le montant de l'emprunt nécessaire.

3. **Prêt hypothécaire traditionnel** : La plupart des acheteurs d'immobilier utilisent un prêt hypothécaire traditionnel pour financer leur achat. Vous pouvez vous adresser à une banque ou à un prêteur hypothécaire pour obtenir un prêt. Les prêts hypothécaires traditionnels offrent généralement des taux d'intérêt compétitifs et des termes flexibles, en fonction de votre

profil d'emprunteur.

4. **Prêt hypothécaire d'investissement** : Si vous envisagez d'acheter une propriété dans le but spécifique de la mettre en location sur Airbnb, vous pouvez opter pour un prêt hypothécaire d'investissement. Ce type de prêt est spécialement conçu pour les investisseurs immobiliers et peut offrir des conditions de financement adaptées à ce type d'activité.

5. **Financement participatif immobilier** : Une autre option de financement est le financement participatif immobilier. Il s'agit d'une forme d'investissement collaboratif où plusieurs investisseurs contribuent financièrement à l'achat d'un bien immobilier. En tant que propriétaire, vous pouvez offrir une part du capital de la propriété en échange des fonds nécessaires à l'achat.

6. **Investisseurs partenaires** : Vous pouvez également envisager de rechercher des investisseurs partenaires qui souhaitent participer à l'achat de la propriété en échange d'une part des revenus locatifs ou des bénéfices futurs. Cette option peut être avantageuse si vous souhaitez partager les risques et les récompenses de l'opération.

7. **Prêt relais** : Si vous possédez déjà un bien immobilier et que vous envisagez d'en acheter un autre pour le mettre en location sur Airbnb, vous pouvez utiliser un prêt relais pour financer l'achat. Le prêt relais vous permet d'emprunter temporairement une partie de la valeur de votre propriété actuelle pour financer l'achat de la nouvelle propriété.

8. **Vérifier les subventions et aides disponibles** : Dans certains cas, des subventions ou des aides gouvernementales peuvent être disponibles pour soutenir l'achat de propriétés destinées à la location de courte durée.

Renseignez-vous auprès du conseil régional pour savoir si des programmes d'aide sont disponibles dans votre région.

Avant de choisir une option de financement, prenez le temps d'examiner attentivement les conditions, les taux d'intérêt, les remboursements et les exigences spécifiques à chaque type de prêt ou d'investissement. Prenez en compte votre situation financière actuelle, vos objectifs à long terme et votre tolérance au risque pour choisir la meilleure option qui correspond à vos besoins et à vos ambitions en tant qu'hôte Airbnb en France. Un financement bien pensé vous permettra de concrétiser votre projet d'achat de bien immobilier pour le mettre en location sur Airbnb et de développer une activité prospère dans le secteur de la location de courte durée.

Comment obtenir un accord de financement bancaire ?

Obtenir un accord de financement bancaire pour financer votre bien immobilier est une étape cruciale dans votre projet d'investissement en location sur Airbnb. Les banques cherchent à minimiser les risques et à s'assurer que l'emprunteur est capable de rembourser le prêt. Voici quelques facteurs qui peuvent favoriser votre dossier de financement et comment l'établissement d'un business plan avec l'aide d'AIRDNA peut renforcer votre demande :

1. **Un bon historique de crédit** : Un bon historique de crédit est essentiel pour obtenir un accord de financement bancaire. Assurez-vous de régler vos dettes à temps et de maintenir une bonne cote de crédit. Un score élevé améliore vos chances de succès lors de la demande de prêt.

2. **Un apport personnel significatif** : Un apport personnel important démontre votre capacité à épargner et à investir dans le projet. Les banques sont plus susceptibles de vous accorder un prêt si vous montrez que vous êtes prêt à prendre une part significative de la responsabilité financière.

3. **Un niveau d'endettement raisonnable** : Les banques évalueront votre taux d'endettement, c'est-à-dire la part de vos revenus consacrée aux remboursements de dettes. Un niveau d'endettement raisonnable améliore votre solvabilité et votre capacité à rembourser le prêt.

4. **Une stabilité financière** : Les banques préfèrent prêter à des emprunteurs ayant une stabilité financière. Si vous avez un emploi stable avec un revenu régulier, cela jouera en votre faveur.

5. **Une analyse de rentabilité solide** : Un business plan détaillé avec l'aide d'AIRDNA qui démontre la rentabilité potentielle de votre bien immobilier est un atout majeur pour votre dossier de financement. AIRDNA est une plateforme d'analyse de données pour les hôtes Airbnb qui fournit des informations précieuses sur le potentiel de revenus locatifs, les taux d'occupation, la concurrence et les tendances du marché. En présentant une analyse de rentabilité solide basée sur des données fiables, vous montrez aux banques que votre projet est bien étudié et qu'il a des chances de succès.

6. **Des projections financières réalistes** : Votre business plan devrait inclure des projections financières réalistes pour les revenus locatifs, les dépenses, les frais d'exploitation et les bénéfices attendus. Les banques cherchent à s'assurer que votre projet est viable et qu'il peut générer suffisamment de revenus pour couvrir les remboursements du prêt.

7. **Un plan de gestion solide** : En plus des projections financières, votre business plan devrait inclure un plan de gestion détaillé pour votre propriété Airbnb. Expliquez comment vous comptez gérer les réservations, les check-ins, le ménage, l'entretien et la communication avec les voyageurs. Un plan de gestion solide démontre votre engagement envers le succès de votre activité de location sur Airbnb.

8. **Une bonne relation avec la banque** : Si vous entretenez une bonne relation avec votre banque, cela peut également jouer en votre faveur lors de la demande de prêt. Si vous avez un historique positif avec la banque et si vous êtes un client fidèle, cela peut renforcer votre crédibilité et votre dossier de financement.

Pour obtenir un accord de financement bancaire pour financer votre bien immobilier en vue de la location sur Airbnb, présentez un dossier solide avec des éléments tels qu'un bon historique de crédit, un apport personnel significatif, une stabilité financière, une analyse de rentabilité solide avec l'aide d'AIRDNA, des projections financières réalistes et un plan de gestion bien pensé. Ces facteurs favorables augmenteront vos chances de succès dans votre démarche de financement auprès des banques.

CREER UNE ANNONCE ATTRAYANTE

Rédaction d'une description accrocheuse et convaincante

La rédaction d'une description accrocheuse et convaincante pour votre annonce Airbnb est essentielle pour attirer l'attention des voyageurs potentiels et les inciter à choisir votre logement. Voici quelques conseils pour créer une description qui se démarque et suscite l'intérêt des futurs invités.

Tout d'abord, commencez par une introduction engageante. Utilisez un ton chaleureux et amical pour accueillir les voyageurs et leur donner envie de continuer à lire. Mettez en avant les points forts de votre logement et de son emplacement dès le début pour capter leur attention.

Ensuite, décrivez de manière détaillée les caractéristiques et les équipements de votre logement. Mettez en avant les éléments qui le rendent unique, comme une terrasse avec vue panoramique, une baignoire jacuzzi ou un jardin luxuriant. Expliquez clairement la configuration des espaces et le nombre de chambres, de lits et de salles de bains disponibles.

N'oubliez pas de mettre en avant les avantages pratiques de votre logement. Parlez des équipements modernes tels que la climatisation, le chauffage ou les appareils électroménagers, ainsi que du Wi-Fi haut débit et de la télévision par câble, si disponibles. Ces commodités peuvent jouer un rôle crucial dans la décision des voyageurs.

Utilisez des mots évocateurs pour décrire l'ambiance et l'expérience que vos invités vivront dans votre logement. Évoquez des moments de détente dans un espace élégant et confortable, ou des soirées conviviales autour d'un feu de cheminée. Montrez aux voyageurs comment votre logement peut leur offrir une expérience unique et mémorable.

Incluez également des informations sur l'emplacement de votre logement. Mettez en avant les attractions locales, les restaurants, les parcs ou les transports en commun à proximité. Montrez aux voyageurs comment votre logement est idéalement situé pour explorer la région et profiter au maximum de leur séjour.

Enfin, terminez votre description par un appel à l'action convaincant. Encouragez les voyageurs à réserver dès maintenant pour profiter de cette expérience unique. Utilisez des termes engageants tels que "Ne manquez pas cette occasion", "Réservez dès maintenant" ou "Venez vivre une expérience inoubliable".

En rédigeant une description accrocheuse et convaincante, vous donnerez envie aux voyageurs de choisir votre logement parmi les nombreuses options disponibles sur Airbnb. En mettant en avant les atouts de votre logement, en décrivant de manière détaillée ses équipements et en créant une atmosphère engageante, vous pourrez attirer plus de voyageurs et augmenter vos chances de succès en tant qu'hôte.

Exemple d'annonce :

Bienvenue dans notre havre de paix au cœur de la ville ! Vous recherchez une expérience unique et mémorable à [nom de la ville] ? Ne cherchez plus, vous l'avez trouvée ! Notre charmant appartement situé en plein centre-ville vous promet un séjour exceptionnel, alliant confort, commodités modernes et une ambiance chaleureuse.

Notre logement est idéal pour les voyageurs en quête d'aventure et de détente. Profitez d'un espace élégamment aménagé, où le design contemporain se mêle à des touches de charme authentique. Détendez-vous dans notre salon confortable, ou préparez de délicieux repas dans notre cuisine équipée dernier cri.

Que vous voyagiez en famille, entre amis ou en couple, notre appartement est parfaitement adapté à vos besoins. Avec ses deux chambres spacieuses et ses deux salles de bains, chacun pourra profiter de son propre espace tout en partageant des moments conviviaux dans les espaces communs.

Situé à quelques pas des principales attractions touristiques de [nom de la ville], vous pourrez facilement découvrir tous les trésors qu'offre notre magnifique région. Flânez dans les ruelles pittoresques, goûtez aux spécialités locales dans les restaurants avoisinants, ou partez à la découverte de notre patrimoine culturel riche et passionnant.

De retour à l'appartement, vous apprécierez vous relaxer sur notre terrasse ensoleillée avec une vue panoramique à couper le souffle. Profitez de l'air frais tout en dégustant un bon verre de vin local, et admirez les lumières de la ville qui s'illuminent au coucher du soleil.

Ne manquez pas cette occasion de vivre une expérience inoubliable à [nom de la ville]. Réservez dès maintenant et laissez-vous séduire par le charme de notre logement au cœur de l'action. Nous nous ferons un plaisir de vous accueillir et de rendre votre séjour chez nous aussi agréable que possible. Bienvenue chez nous, votre chez-vous loin de chez vous !

Mise en valeur grâce à des photos professionnelles

La mise en valeur de votre propriété grâce à des photos professionnelles est un élément essentiel pour attirer l'attention des voyageurs sur Airbnb. Des images de qualité peuvent faire la différence entre une annonce qui se démarque et une annonce qui passe inaperçue. Voici quelques conseils pour mettre en valeur votre logement avec des photos professionnelles.

Tout d'abord, engagez un photographe professionnel spécialisé dans la photographie immobilière. Un photographe expérimenté saura comment mettre en valeur les atouts de votre logement, en utilisant des angles de prise de vue et des techniques d'éclairage pour créer des images attrayantes et flatteuses.

Préparez votre logement avant la séance photo. Assurez-vous que tous les espaces sont propres, bien rangés et débarrassés d'éventuels objets personnels. Mettez en valeur les caractéristiques uniques de votre logement, comme une cheminée, un balcon avec vue, ou une décoration intérieure élégante.

Capturez tous les espaces importants de votre logement, y compris les chambres, le salon, la cuisine, la salle de bains et les espaces extérieurs. Montrez aux voyageurs à quoi ressemble chaque espace, en mettant l'accent sur les détails qui rendent votre logement spécial.

N'oubliez pas de mettre en avant les équipements et les commodités que vous offrez. Prenez des photos des équipements modernes, comme les appareils électroménagers, la télévision, le Wi-Fi haut débit, ainsi que des équipements extérieurs tels qu'une piscine, un jacuzzi ou un jardin.

Utilisez des images de qualité et haute résolution pour que les voyageurs puissent voir les détails de votre logement. Les photos floues ou mal éclairées peuvent donner une impression négative et décourager les voyageurs de réserver.

Enfin, sélectionnez les meilleures photos pour votre annonce. Choisissez celles qui mettent en valeur votre logement sous son meilleur jour et qui reflètent l'ambiance chaleureuse et accueillante que vous souhaitez offrir aux voyageurs.

En mettant en valeur votre propriété grâce à des photos professionnelles, vous pouvez susciter l'intérêt des voyageurs et les inciter à choisir votre logement parmi les nombreuses options disponibles sur Airbnb. Des images de qualité permettent aux voyageurs de se projeter dans votre logement et de se sentir enthousiasmés par leur futur séjour. En investissant dans des photos professionnelles, vous augmentez vos chances de recevoir des réservations et de fournir une expérience exceptionnelle aux voyageurs qui séjourneront chez vous.

GESTION DES RESERVATIONS ET DES INVITES

Les meilleures pratiques pour répondre aux demandes de réservation

Répondre de manière efficace et rapide aux demandes de réservation est crucial pour réussir en tant qu'hôte sur Airbnb. Voici les meilleures pratiques à adopter pour gérer efficacement ces demandes et assurer une expérience client positive.

Tout d'abord, soyez réactif aux demandes de réservation. Les voyageurs apprécient une réponse rapide, car cela témoigne de votre disponibilité et de votre engagement envers leur séjour. Essayez de répondre dans les plus brefs délais, idéalement dans les quelques heures suivant la demande, afin de montrer votre professionnalisme et votre attention envers les clients potentiels.

Soyez également courtois et amical dans vos réponses. Une communication chaleureuse et attentionnée contribue à instaurer un climat de confiance avec les voyageurs. Répondez à toutes leurs questions de manière détaillée et complète, en vous assurant de couvrir tous les points importants concernant votre logement et les services que vous proposez.

Si vous ne pouvez pas accepter une demande de réservation, soyez transparent et expliquez poliment les raisons de votre refus. Vous pouvez suggérer d'autres dates disponibles ou les inviter à consulter d'autres logements qui pourraient mieux correspondre à leurs besoins. Cela montre votre souci du bien-être du voyageur, même si vous ne pouvez pas les accueillir cette fois-ci.

Utilisez les modèles de réponses préparés pour gagner du temps tout en maintenant une réponse personnalisée. Créez des modèles pour les réponses courantes, mais n'oubliez pas d'ajouter une touche personnelle à chaque message pour montrer que vous avez bien pris en compte la demande spécifique du voyageur.

Enfin, assurez-vous de respecter les politiques d'annulation d'Airbnb. En cas de changement ou d'annulation de réservation, communiquez clairement les conditions d'annulation et les éventuels remboursements aux voyageurs. La transparence dans ces situations délicates renforce la confiance des voyageurs envers vous en tant qu'hôte.

En mettant en pratique ces meilleures pratiques pour répondre aux demandes de réservation, vous améliorerez l'expérience globale des voyageurs et augmenterez vos chances de recevoir des réservations positives. Une communication réactive, courtoise et transparente est la clé pour créer des relations durables avec les voyageurs et bâtir une réputation solide en tant qu'hôte Airbnb de confiance.

Accueillir les voyageurs et offrir une expérience client exceptionnelle

Accueillir les voyageurs de manière chaleureuse et offrir une expérience client exceptionnelle est essentiel pour créer des souvenirs mémorables et fidéliser les clients sur Airbnb. Voici sept étapes détaillées pour garantir un accueil réussi et une expérience client inoubliable.

1. **Communication préalable** : Communiquez avec les voyageurs avant leur arrivée pour confirmer les détails de leur séjour, répondre à leurs questions et leur donner des informations pratiques sur votre logement et son emplacement. Assurez-vous de fournir des indications claires pour les aider à trouver facilement votre logement.

2. **Propreté et préparation** : Avant l'arrivée des voyageurs, assurez-vous que votre logement est impeccablement propre et bien préparé. Faites le lit avec des draps frais, disposez des serviettes propres et assurez-vous que toutes les commodités sont en bon état de fonctionnement.

3. **Accueil personnalisé** : Accueillez personnellement les voyageurs à leur arrivée. Présentez-vous, soyez souriant et cordial, et offrez-leur une visite guidée de votre logement. Montrez-leur où trouver les équipements et comment utiliser les appareils électroménagers. Expliquez les règles de la maison de manière amicale et respectueuse.

4. **Petites attentions** : Pensez aux petites attentions qui rendront leur séjour plus agréable. Un panier de bienvenue avec des collations, une bouteille d'eau ou une sélection de thé et de café peut être très apprécié. Vous pouvez également laisser des informations sur les activités locales, les restaurants recommandés et les sites touristiques à visiter.

5. **Disponibilité et assistance** : Montrez-vous disponible pendant le séjour des voyageurs pour répondre à leurs questions ou les aider en cas de besoin. Répondez rapidement aux messages et aux appels, et soyez prêt à intervenir en cas de problème ou de situation imprévue.

6. **Respect de l'intimité** : Respectez l'intimité des voyageurs pendant leur séjour. Faites-en sorte de ne pas les déranger de manière intrusive, mais montrez-vous disponible s'ils souhaitent interagir avec vous.

7. **Suivi après le séjour** : Une fois que les voyageurs ont quitté votre logement, envoyez-leur un message pour les remercier de leur séjour et leur demander s'ils ont des commentaires ou des suggestions. Cette démarche montre que vous vous souciez de leur expérience et que vous êtes ouvert à l'amélioration.

En offrant une expérience client exceptionnelle, vous fidéliserez les voyageurs et vous les inciterez à laisser des commentaires positifs et des évaluations élogieuses. Un accueil chaleureux et des petites attentions peuvent faire toute la différence dans la perception que les voyageurs auront de leur séjour chez vous. En étant attentif, réactif et professionnel, vous créerez une expérience inoubliable pour vos invités et vous vous démarquerez en tant qu'hôte de choix sur Airbnb.

Gérer les commentaires et les évaluations pour améliorer votre réputation

La gestion des commentaires et des évaluations est cruciale pour améliorer votre réputation en tant qu'hôte sur Airbnb. Les commentaires laissés par les voyageurs sont un reflet direct de leur expérience dans votre logement, et les évaluations déterminent votre classement sur la plateforme. Voici cinq stratégies pour gérer ces commentaires de manière efficace et constructive.

Tout d'abord, surveillez régulièrement vos commentaires et évaluations. Répondez rapidement aux commentaires, qu'ils soient positifs ou négatifs. Les voyageurs apprécient lorsque les hôtes sont attentifs et réactifs à leurs retours d'expérience, ce qui peut contribuer à renforcer la confiance des futurs clients.

Répondez toujours de manière courtoise et professionnelle aux commentaires négatifs. Prenez en compte les préoccupations exprimées par les voyageurs et proposez des solutions pour résoudre les problèmes éventuels. Montrez votre engagement à fournir une expérience satisfaisante et à améliorer votre logement en fonction des commentaires reçus.

N'hésitez pas à mettre en avant les commentaires positifs dans votre annonce. Les témoignages élogieux d'anciens voyageurs peuvent inspirer confiance aux futurs clients et les encourager à réserver chez vous. Mettez en avant les aspects appréciés par les voyageurs, comme la propreté, la convivialité ou la qualité des équipements.

Utilisez les commentaires et les évaluations comme un outil d'amélioration continue. Identifiez les points forts de votre logement et capitalisez dessus. De même, tenez compte des suggestions d'amélioration et apportez des changements si nécessaire pour offrir une expérience encore meilleure à vos futurs clients.

Enfin, maintenez une communication ouverte avec les voyageurs après leur séjour. Envoyez-leur un message de remerciement pour leur séjour et demandez-leur de laisser un commentaire sur leur expérience. Leur participation peut renforcer votre crédibilité en tant qu'hôte et vous permettre de bâtir une réputation positive au fil du temps.

En gérant de manière proactive les commentaires et les évaluations, vous pouvez influencer positivement votre réputation en tant qu'hôte sur Airbnb. En répondant de manière réfléchie et constructive aux retours des voyageurs, en mettant en avant les commentaires positifs et en utilisant ces informations pour améliorer votre logement, vous créerez une image d'hôte professionnel et soucieux du bien-être de ses clients. Cela vous permettra d'attirer plus de réservations et de fidéliser les voyageurs qui souhaitent profiter d'une expérience exceptionnelle dans votre logement.

MARKETING ET PROMOTION DE VOTRE ANNONCE

Utilisation des médias sociaux et du marketing en ligne pour augmenter votre visibilité

Dans le monde numérique d'aujourd'hui, les médias sociaux et le marketing en ligne sont des outils puissants pour accroître la visibilité de votre logement sur Airbnb. Ce chapitre explorera les stratégies efficaces pour tirer parti des plateformes de médias sociaux et des techniques de marketing en ligne afin d'attirer davantage de voyageurs vers votre annonce.

1. **Créer une présence sur les réseaux sociaux** : Commencez par choisir les plateformes de médias sociaux les plus adaptées à votre logement et à votre public cible. Créez des profils attrayants et professionnels sur des plateformes telles que Facebook, Instagram et Twitter. Partagez des photos et des descriptions de votre logement, des témoignages de voyageurs satisfaits, et des informations sur les événements ou attractions locaux pour attirer l'attention des voyageurs potentiels.

2. **Utiliser des hashtags pertinents** : Utilisez des hashtags populaires et pertinents sur vos publications pour augmenter la visibilité de votre logement sur les réseaux sociaux. Les hashtags aident les voyageurs à trouver facilement des logements correspondant à leurs intérêts et à leurs destinations. Vous pouvez également créer votre propre hashtag unique pour votre logement afin de le rendre plus reconnaissable.

3. **Collaborer avec des influenceurs** : Les influenceurs sur les réseaux sociaux ont une base de followers importante et peuvent aider à promouvoir votre logement auprès d'un public plus large. Identifiez des influenceurs qui correspondent à votre niche et à votre style d'hébergement, et proposez-leur une collaboration pour partager leur expérience de séjour chez vous avec leur audience.

4. **Mettre en place une stratégie de marketing en ligne** : Investissez dans des campagnes de marketing en ligne pour cibler spécifiquement votre public cible. Utilisez la publicité payante sur les réseaux sociaux et les moteurs de recherche pour atteindre les voyageurs recherchant un logement dans votre région. Personnalisez vos annonces en fonction des intérêts et des comportements de recherche des voyageurs pour les attirer vers votre annonce.

5. **Optimiser votre site web ou blog** : Si vous avez un site web ou un blog dédié à votre logement, assurez-vous qu'il est bien optimisé pour les moteurs de recherche. Utilisez des mots-clés pertinents dans votre contenu, ajoutez des descriptions détaillées de votre logement, et incluez des témoignages de voyageurs satisfaits pour renforcer la confiance des futurs clients.

6. **Utiliser le marketing d'affiliation** : Collaborer avec des sites web de voyage ou des blogueurs spécialisés dans le tourisme peut également augmenter votre visibilité. En proposant des programmes d'affiliation, vous encouragez ces partenaires à promouvoir votre logement en échange d'une commission sur les réservations générées.

En utilisant intelligemment les médias sociaux et le marketing en ligne, vous pouvez considérablement augmenter la visibilité de votre logement sur Airbnb. Ces stratégies vous permettront d'atteindre un public plus large, d'attirer des voyageurs potentiels et d'augmenter le nombre de réservations. L'intégration de ces pratiques dans votre stratégie de promotion globale vous aidera à devenir un hôte à succès sur Airbnb.

Les partenariats locaux et les stratégies de promotion pour attirer plus de clients

Dans cette section, nous explorerons l'importance des partenariats locaux et des stratégies de promotion pour attirer davantage de clients vers votre logement sur Airbnb. Ces approches permettent de renforcer votre présence locale et de vous démarquer de la concurrence, tout en offrant des avantages uniques aux voyageurs.

1. **Identifier les partenaires locaux pertinents** : Commencez par rechercher des partenaires locaux qui ont un lien avec votre logement ou votre destination. Il peut s'agir d'agences de voyage, de bureaux de tourisme, de restaurants, de boutiques ou d'attractions touristiques. Cherchez des partenaires dont la clientèle cible correspond à celle que vous souhaitez attirer chez vous.

2. **Offrir des avantages exclusifs** : Proposez des avantages exclusifs aux clients qui réservent votre logement via vos partenaires locaux. Cela peut être sous la forme de réductions ou de forfaits spéciaux comprenant des activités ou des expériences locales. Ces avantages incitent les voyageurs à choisir votre logement plutôt qu'un autre.

3. Organiser des événements ou des activités spéciales : Collaborez avec vos partenaires locaux pour organiser des événements ou des activités spéciales pour les voyageurs. Cela peut être des visites guidées, des dégustations de produits locaux, des ateliers ou des concerts. Ces événements ajoutent de la valeur à l'expérience des voyageurs et renforcent leur attachement à votre destination.

4. Utiliser le bouche-à-oreille : Encouragez vos clients satisfaits à partager leur expérience avec leur entourage et à laisser des avis positifs sur votre annonce Airbnb. Le bouche-à-oreille est l'une des formes de promotion les plus puissantes, car il repose sur la confiance et les recommandations personnelles.

5. Participer à des événements et des foires locales : Assister à des événements et des foires locales est un excellent moyen de promouvoir votre logement auprès d'un public cible. Distribuez des dépliants, des cartes de visite ou des codes promotionnels pour inciter les visiteurs à réserver chez vous.

6. Utiliser le marketing d'influence : Collaborer avec des influenceurs locaux ou des blogueurs spécialisés dans le tourisme peut également augmenter votre visibilité dans la région. En proposant des séjours gratuits ou des réductions en échange de publications sur leurs réseaux sociaux ou leurs blogs, vous pouvez toucher un public plus large et intéressé par votre destination.

En développant des partenariats locaux et en mettant en place des stratégies de promotion efficaces, vous pouvez attirer plus de clients vers votre logement sur Airbnb. Ces approches vous permettent de vous connecter avec la communauté locale, de valoriser votre destination et d'offrir des expériences uniques aux voyageurs. En combinant ces pratiques avec d'autres efforts de promotion, vous augmenterez vos chances de recevoir des réservations et de fidéliser les voyageurs qui souhaitent découvrir tout ce que votre logement et votre région ont à offrir.

Optimisation de votre classement dans les résultats de recherche Airbnb

Dans cette section, nous explorerons les stratégies clés pour optimiser le classement de votre logement dans les résultats de recherche d'Airbnb. Un classement élevé vous permettra de gagner en visibilité et d'attirer davantage de voyageurs vers votre annonce.

1. **Des titres et des descriptions optimisés** : Rédigez des titres accrocheurs et des descriptions détaillées de votre logement, en utilisant des mots-clés pertinents. Les mots-clés sont des termes couramment recherchés par les voyageurs, tels que "centre-ville", "vue sur la mer" ou "appartement spacieux". En incluant ces mots-clés dans votre titre et votre description, vous augmenterez vos chances d'apparaître dans les résultats de recherche pertinents.

2. **Des images de qualité** : Les photos de votre logement sont un élément essentiel pour attirer l'attention des voyageurs. Utilisez des images de haute qualité et qui mettent en valeur les atouts de votre logement. Des photos attrayantes incitent les voyageurs à cliquer sur votre annonce et à en savoir plus.

3. **Réactivité et taux de réponse** : Répondez rapidement aux messages des voyageurs et maintenez un bon taux de réponse. Airbnb tient compte de la réactivité des hôtes dans son algorithme de classement, et les hôtes ayant un taux de réponse élevé sont mieux positionnés dans les résultats de recherche.

4. **Commentaires et évaluations** : Les commentaires et les évaluations laissés par les voyageurs jouent un rôle important dans votre classement. Encouragez vos clients satisfaits à laisser des avis positifs et répondez de manière constructive aux commentaires négatifs. Les évaluations positives améliorent votre crédibilité en tant qu'hôte et améliorent votre classement.

5. **Prix compétitifs** : Fixez des prix compétitifs par rapport aux logements similaires dans votre région. Airbnb prend en compte les tarifs dans son algorithme de classement, donc des prix attractifs peuvent vous aider à gagner en visibilité et à attirer plus de voyageurs.

6. **Superhost** : Visez le statut de Superhost en respectant les critères définis par Airbnb. Le statut de Superhost est un gage de qualité et d'excellence pour les voyageurs, ce qui peut améliorer votre classement.

7. **Offres spéciales et promotions** : Proposez des offres spéciales ou des promotions à certaines périodes de l'année pour attirer plus de voyageurs. Les offres attractives peuvent vous aider à vous démarquer de la concurrence et à augmenter votre visibilité.

En mettant en pratique ces stratégies d'optimisation, vous augmenterez vos chances d'améliorer votre classement dans les résultats de recherche Airbnb. Un classement élevé vous permettra d'attirer davantage de voyageurs vers votre logement, de générer plus de réservations et de maximiser vos revenus en tant qu'hôte sur la plateforme.

MAXIMISER LES REVENUS ET LA RENTABILITE

Les stratégies pour augmenter le taux d'occupation de votre hébergement

Un taux d'occupation élevé est essentiel pour maximiser vos revenus en tant qu'hôte et garantir que votre logement soit occupé la plupart du temps.

1. **Tarification flexible** : Proposez une tarification flexible en fonction des périodes de demande. Augmentez légèrement vos tarifs pendant les périodes de pointe et proposez des prix plus attractifs pendant les périodes creuses. Une tarification flexible peut encourager les voyageurs à réserver votre logement même en dehors des saisons touristiques.

2. **Offres spéciales** : Proposez des offres spéciales pour les séjours de longue durée, les réservations de dernière minute ou les périodes de basse saison. Les offres spéciales peuvent inciter les voyageurs à réserver chez vous plutôt que chez un concurrent.

3. **Mise à jour régulière de votre calendrier** : Assurez-vous de maintenir votre calendrier à jour en indiquant clairement les périodes de disponibilité et de non-disponibilité de votre logement. Cela évitera les réservations en conflit et vous permettra de maximiser vos chances d'obtenir des réservations.

4. **Promotion sur les réseaux sociaux** : Utilisez vos comptes de médias sociaux pour promouvoir votre logement et offrir des offres spéciales ou des réductions exclusives. Le partage sur les réseaux sociaux peut augmenter la visibilité de votre logement et attirer de nouveaux voyageurs.

5. **Collaboration avec des entreprises locales** : Collaborez avec des entreprises locales pour offrir des séjours de groupe ou des voyages d'affaires dans votre logement. Proposez des tarifs spéciaux ou des services adaptés aux besoins des voyageurs d'affaires ou des groupes.

6. **Amélioration de votre offre** : Prenez en compte les commentaires des voyageurs et apportez des améliorations à votre logement en fonction de leurs suggestions. En offrant une expérience améliorée, vous encouragez les voyageurs à revenir et à recommander votre logement à d'autres.

7. **Réservations à long terme** : Encouragez les réservations à long terme en offrant des réductions pour les séjours prolongés. Les voyageurs qui prévoient un séjour prolongé peuvent être attirés par des tarifs préférentiels.

8. **Réactivité et communication** : Répondez rapidement aux demandes de réservation et aux questions des voyageurs. Une communication réactive et professionnelle renforce la confiance des voyageurs et peut les inciter à réserver rapidement.

En mettant en pratique ces stratégies pour augmenter le taux d'occupation de votre hébergement, vous augmenterez vos chances de générer des revenus réguliers en tant qu'hôte sur Airbnb. Des tarifs attractifs, des offres spéciales, une communication efficace et une amélioration continue de votre offre sont autant de facteurs clés pour attirer davantage de voyageurs et garantir que votre logement reste occupé tout au long de l'année.

<u>Exemple :</u>

Imaginons que vous êtes propriétaire d'un charmant appartement situé au cœur d'une ville touristique populaire. Vous souhaitez augmenter le taux d'occupation de votre hébergement sur Airbnb et maximiser vos revenus. Voici comment vous pourriez mettre en pratique les stratégies énoncées dans le chapitre pour atteindre cet objectif.

Tout d'abord, vous établissez une tarification flexible en fonction des périodes de demande. Pendant les périodes de haute saison touristique, comme l'été, vous augmentez légèrement vos tarifs pour tirer parti de la forte demande des voyageurs. En revanche, pendant les périodes de basse saison, vous proposez des prix plus attractifs pour encourager les réservations.

Ensuite, vous décidez de créer des offres spéciales pour attirer davantage de voyageurs. Vous proposez des réductions pour les réservations de dernière minute ou pour les séjours de longue durée. Par exemple, vous offrez une remise de 10% pour les séjours de plus de 7 jours afin d'inciter les voyageurs à prolonger leur séjour.

Vous utilisez également les réseaux sociaux pour promouvoir votre logement. Vous partagez des photos attrayantes de votre appartement sur Instagram et Facebook, accompagnées d'offres spéciales pour les abonnés. Vous invitez également vos amis et votre famille à partager vos publications pour augmenter la visibilité de votre annonce.

Pour attirer les voyageurs d'affaires, vous collaborez avec des entreprises locales. Vous proposez des tarifs spéciaux pour les séjours de groupe ou pour les voyageurs en déplacement professionnel. Vous mettez en avant les commodités de votre appartement, comme la connexion Wi-Fi haut débit et l'espace de travail, pour répondre aux besoins des voyageurs d'affaires.

Enfin, vous tenez compte des commentaires des voyageurs pour améliorer votre offre. Suite à des suggestions, vous avez installé un lave-vaisselle dans la cuisine, ajouté des équipements de sport dans la salle de sport de l'immeuble et amélioré la décoration pour créer une ambiance encore plus accueillante.

Grâce à ces stratégies, vous avez réussi à augmenter le taux d'occupation de votre hébergement sur Airbnb. Votre appartement est désormais réservé régulièrement tout au long de l'année, et vous avez réussi à fidéliser certains voyageurs qui reviennent régulièrement séjourner chez vous. Vous êtes devenu un hôte très apprécié, et votre logement est devenu une destination de choix pour les voyageurs en quête d'une expérience exceptionnelle dans votre ville.

Gérer les tarifs en fonction des saisons et des événements locaux

La gestion des tarifs en fonction des saisons et des événements locaux est une stratégie clé pour maximiser vos revenus en tant qu'hôte Airbnb. En adaptant vos prix en fonction de la demande, vous pouvez attirer davantage de voyageurs pendant les périodes de forte affluence tout en offrant des tarifs attractifs pendant les périodes plus calmes.

Premièrement, analysez les tendances de la demande dans votre région. Identifiez les périodes de haute saison touristique, comme les vacances d'été ou les événements locaux majeurs, où la demande de logements est plus élevée. Pendant ces périodes, augmentez vos tarifs pour profiter de la demande accrue des voyageurs.

Deuxièmement, soyez attentif aux périodes de basse saison ou aux moments où la demande est plus faible. Pendant ces périodes, proposez des tarifs plus attractifs pour attirer des voyageurs et augmenter votre taux d'occupation. Vous pouvez également créer des offres spéciales pour encourager les réservations pendant les périodes creuses.

Troisièmement, surveillez les événements locaux tels que des festivals, des salons ou des conférences qui pourraient attirer des voyageurs dans votre région. Pendant ces événements, augmentez vos tarifs car la demande de logements peut être élevée. Les voyageurs qui assistent à des événements sont souvent prêts à payer un peu plus pour être proches du lieu de l'événement.

Quatrièmement, utilisez le calendrier Airbnb pour bloquer les dates pendant lesquelles votre logement n'est pas disponible ou pour ajuster les tarifs en fonction des périodes spécifiques. Cela vous permet de maintenir un calendrier à jour et d'éviter les conflits de réservation.

Enfin, n'oubliez pas de prendre en compte les coûts supplémentaires ou les taxes locales qui pourraient influencer vos tarifs. Assurez-vous de les inclure dans vos calculs pour garantir que vos tarifs restent compétitifs tout en couvrant vos dépenses.

En gérant les tarifs en fonction des saisons et des événements locaux, vous pouvez optimiser vos revenus tout en attirant un large éventail de voyageurs. Une tarification stratégique vous permettra de maintenir un taux d'occupation élevé tout au long de l'année et de maximiser vos gains en tant qu'hôte sur Airbnb.

Explorer les options de revenus supplémentaires, comme les expériences Airbnb

En plus de louer votre logement, vous pouvez également partager votre passion, vos compétences ou vos connaissances avec les voyageurs en organisant des expériences uniques et enrichissantes.

1. **Découvrez les expériences Airbnb** : Avant de vous lancer, familiarisez-vous avec les expériences Airbnb disponibles dans votre région et les types d'activités proposées par d'autres hôtes. Il peut s'agir de cours de cuisine, de visites guidées, de randonnées, d'ateliers artistiques, de séances de méditation, et bien plus encore. Identifiez les activités qui correspondent à vos intérêts et compétences.

2. **Trouvez votre niche** : Pensez à ce qui vous passionne et ce que vous pouvez offrir aux voyageurs. Si vous aimez cuisiner, vous pourriez proposer des cours de cuisine traditionnelle de votre région. Si vous êtes un passionné d'histoire, vous pourriez organiser des visites guidées historiques dans votre quartier. Trouver votre niche vous permettra de vous démarquer des autres expériences disponibles et d'attirer des voyageurs intéressés par votre expertise.

3. **Créez une expérience unique** : Une fois que vous avez identifié votre niche, développez une expérience unique et mémorable. Réfléchissez aux détails tels que la durée de l'expérience, le nombre de participants, les équipements nécessaires, et les langues que vous parlez pour accueillir des voyageurs internationaux.

4. **Fixez le prix approprié** : Déterminez un prix approprié pour votre expérience en tenant compte de vos coûts et de la valeur que vous proposez aux voyageurs. Recherchez les prix des expériences similaires dans votre

région pour vous assurer que votre tarif est compétitif.

5. **Promouvez votre expérience** : Une fois que votre expérience est prête, créez une annonce convaincante sur Airbnb. Utilisez des photos attrayantes et une description détaillée pour montrer aux voyageurs ce qu'ils peuvent attendre de votre expérience. Utilisez également vos réseaux sociaux et votre réseau personnel pour promouvoir votre expérience auprès d'un public plus large.

6. **Offrez une expérience exceptionnelle** : Lorsque vous accueillez des voyageurs pour votre expérience, mettez tout en œuvre pour offrir une expérience exceptionnelle. Soyez chaleureux, amical et attentif aux besoins des participants. Faites-en sorte que l'expérience soit mémorable et laissez des souvenirs positifs aux voyageurs.

7. **Recueillez les commentaires et les évaluations** : Après chaque expérience, invitez les participants à laisser des commentaires et des évaluations. Les avis positifs renforceront votre crédibilité en tant qu'hôte d'expérience et encourageront d'autres voyageurs à réserver avec vous.

En proposant des expériences Airbnb, vous ouvrez de nouvelles opportunités de revenus supplémentaires tout en partageant vos passions et en offrant des souvenirs inoubliables aux voyageurs. Que vous soyez passionné de cuisine, d'art, de sport, de musique ou de tout autre domaine, les expériences Airbnb peuvent être une excellente façon d'enrichir votre expérience en tant qu'hôte et de diversifier vos sources de revenus sur la plateforme.

Imaginons que vous êtes passionné de photographie et que vous possédez un talent pour capturer la beauté de votre ville natale. Vous décidez d'explorer les options de revenus supplémentaires en proposant une expérience Airbnb intitulée "Visite photo : Explorez les charmes cachés de notre ville à travers l'objectif".

Vous commencez par découvrir les expériences similaires disponibles dans votre région et réalisez que peu d'hôtes proposent des visites photo guidées. Vous décidez donc de vous concentrer sur cette niche et de proposer une expérience unique qui permettra aux voyageurs de découvrir les charmes cachés de votre ville tout en améliorant leurs compétences en photographie.

Vous créez une expérience de 3 heures pour un petit groupe de 4 participants maximum. La visite débutera par une courte présentation de la photographie, des techniques de base et des conseils pour capturer des images saisissantes. Ensuite, vous emmènerez les participants dans des lieux pittoresques et méconnus de la ville, en mettant l'accent sur des angles de vue et des compositions intéressantes.

Pour le prix de l'expérience, vous choisissez une tarification compétitive de 50 euros par personne. Vous estimez que ce tarif est raisonnable compte tenu de la valeur de l'expérience et des connaissances que vous partagerez avec les voyageurs.

Vous créez une annonce détaillée sur Airbnb, en mettant en avant votre passion pour la photographie, vos connaissances locales et les lieux uniques que vous proposerez de découvrir aux participants. Vous ajoutez des photos de vos meilleures prises pour illustrer l'expérience et susciter l'intérêt des voyageurs.

Pour promouvoir votre expérience, vous partagez l'annonce sur vos comptes de médias sociaux, en ciblant les amateurs de photographie et les voyageurs intéressés par votre destination. Vous encouragez également vos amis et votre famille à partager l'annonce pour atteindre un public plus large.

Lorsque les voyageurs réservent votre expérience, vous les accueillez chaleureusement le jour J. Vous mettez à leur disposition des appareils photo supplémentaires au besoin et vous vous assurez qu'ils se sentent à l'aise avec les techniques de prise de vue que vous enseignez. Vous les guidez à travers les rues pittoresques, les parcs verdoyants et les points de vue panoramiques pour capturer les meilleurs clichés.

Après l'expérience, vous encouragez les participants à laisser des commentaires et des évaluations sur Airbnb. Grâce à votre accueil chaleureux et à la qualité de l'expérience, vous recevez des évaluations élogieuses qui renforcent votre crédibilité en tant qu'hôte d'expérience.

Au fil du temps, votre expérience de visite photo gagne en popularité et vous attire de plus en plus de voyageurs. Vous êtes ravi de pouvoir partager votre passion pour la photographie avec des personnes du monde entier tout en générant des revenus supplémentaires grâce à cette activité enrichissante sur Airbnb.

GERER EFFICACEMENT VOTRE ENTREPRISE AIRBNB

La gestion des tâches quotidiennes et l'automatisation des processus

La gestion des tâches quotidiennes et l'automatisation des processus sont des aspects essentiels pour optimiser votre activité en tant qu'hôte sur Airbnb. En automatisant certaines tâches récurrentes, vous gagnerez du temps, améliorerez votre efficacité et pourrez vous concentrer sur des activités plus importantes pour votre entreprise. Voici comment vous pouvez gérer ces tâches et les automatiser de manière détaillée :

1. **Gestion des réservations** : Pour gérer les réservations, utilisez un calendrier centralisé qui intègre les réservations d'Airbnb et d'autres plateformes éventuelles sur lesquelles vous proposez votre logement. Des outils de gestion de réservations tels que Airbnb iCal ou des logiciels de gestion immobilière peuvent être utilisés pour synchroniser automatiquement les dates de disponibilité de votre logement sur différentes plateformes.

2. **Communication avec les voyageurs** : Utilisez des modèles de messages prédéfinis pour les différentes étapes du processus de réservation, comme la confirmation de réservation, les instructions d'enregistrement, les rappels et les remerciements après le départ. De nombreux logiciels de gestion immobilière proposent des fonctionnalités de messagerie automatisée qui envoient ces messages en fonction des événements programmés.

3. **Enregistrement et départ des voyageurs** : Simplifiez le processus d'enregistrement et de départ en fournissant des instructions claires et détaillées à l'avance. Vous pouvez envoyer un guide de bienvenue numérique

par e-mail ou via une application de messagerie pour que les voyageurs aient accès à toutes les informations nécessaires avant leur arrivée.

4. **Ménage et entretien** : Si vous avez une équipe de nettoyage, utilisez un calendrier partagé ou une application de gestion de tâches pour planifier et suivre les tâches de ménage. Pour les tâches d'entretien régulières, comme le remplacement des fournitures ou la vérification des équipements, créez des rappels dans votre agenda ou utilisez des applications de gestion de tâches avec des notifications.

5. **Gestion des commentaires** : Suivez régulièrement les commentaires et les évaluations laissés par les voyageurs. Utilisez des outils de gestion de la réputation en ligne pour surveiller les avis et être alerté en cas de nouveau commentaire. Répondez rapidement et de manière professionnelle aux commentaires, qu'ils soient positifs ou négatifs.

6. **Tarification dynamique** : Pour optimiser vos revenus, envisagez d'utiliser des outils de tarification dynamique qui ajustent automatiquement vos tarifs en fonction de la demande et de l'offre du marché. Ces outils utilisent des données en temps réel pour définir des tarifs compétitifs et maximiser vos gains.

7. **Gestion financière** : Utilisez des outils de gestion financière pour suivre vos revenus et dépenses liés à votre activité d'hôte. Automatisez les factures et les reçus pour un suivi facile et une comptabilité précise.

En automatisant ces tâches quotidiennes, vous gagnez du temps et améliorez votre efficacité en tant qu'hôte sur Airbnb. Vous pouvez ainsi vous concentrer sur l'amélioration de l'expérience de vos voyageurs, la promotion de votre logement et le développement de votre activité d'hôte.

L'automatisation des processus vous permettra de gérer plus efficacement votre activité et d'atteindre de meilleurs résultats en tant qu'hôte sur la plateforme.

Igloohome est une entreprise spécialisée dans les solutions de verrouillage intelligent pour les locations de courte durée et les propriétés résidentielles. Leur système permet d'automatiser le processus de check-in pour les voyageurs, en offrant une alternative pratique aux clés physiques traditionnelles. Voici comment fonctionne le système d'Igloohome pour automatiser le check-in :

1. **Serrures intelligentes** : Igloohome propose des serrures intelligentes qui peuvent être installées sur la porte d'entrée de votre logement. Ces serrures fonctionnent de manière autonome, ce qui signifie qu'elles n'ont pas besoin d'une connexion Internet permanente pour être opérationnelles. Cela garantit que le check-in peut être effectué même en cas de panne de réseau.

2. **Code PIN ou Bluetooth** : L'une des méthodes principales d'Igloohome pour automatiser le check-in est l'utilisation de codes PIN ou de Bluetooth. L'hôte génère un code PIN temporaire et unique pour chaque réservation, qui est ensuite envoyé au voyageur avant son arrivée. Le voyageur peut utiliser ce code PIN pour déverrouiller la serrure et accéder au logement à l'heure prévue.

3. **Application mobile** : Igloohome propose également une application mobile dédiée qui permet aux voyageurs d'accéder à la serrure à l'aide de leur smartphone. Ils peuvent utiliser la technologie Bluetooth pour communiquer avec la serrure et ouvrir la porte en approchant leur téléphone de la serrure.

4. **Contrôle à distance** : Le système d'Igloohome permet également aux hôtes de contrôler à distance les autorisations d'accès. Cela signifie que les hôtes peuvent créer, modifier ou annuler les codes d'accès à tout moment, même s'ils ne se trouvent pas physiquement sur place. Cela offre une grande flexibilité aux hôtes pour gérer les entrées et sorties des voyageurs.

5. **Suivi des activités** : Le système d'Igloohome enregistre les activités de la serrure, y compris les heures d'ouverture et de fermeture. Cela permet aux hôtes de vérifier si les voyageurs ont bien effectué leur check-in et de suivre l'utilisation de la serrure pendant toute la durée du séjour.

6. **Verrouillage automatique** : Igloohome propose également une fonction de verrouillage automatique qui verrouille automatiquement la porte après un certain laps de temps. Cela permet de garantir que la porte est toujours verrouillée lorsque personne n'est à l'intérieur du logement, améliorant ainsi la sécurité de la propriété.

En utilisant le système d'Igloohome, les hôtes peuvent automatiser le processus de check-in et offrir à leurs voyageurs une solution de verrouillage pratique et sécurisée. Les voyageurs apprécieront la commodité d'accéder au logement sans avoir besoin de clés physiques, tandis que les hôtes bénéficieront d'un meilleur contrôle sur l'accès à leur propriété et d'une gestion plus efficace des réservations.

Lorsque votre entreprise de location Airbnb se développe et que vous avez besoin d'aide pour gérer vos propriétés, il devient essentiel de recruter et de gérer du personnel. Cette étape est cruciale pour assurer une gestion efficace, une expérience client optimale et une croissance continue de votre activité. Voici quelques conseils pour recruter et gérer le personnel de manière efficace :

1. **Définir les rôles et responsabilités** : Avant de commencer le processus de recrutement, identifiez les rôles et les responsabilités spécifiques dont vous avez besoin. Cela peut inclure des tâches telles que le ménage, l'entretien, la gestion des réservations, la communication avec les voyageurs, etc. Définir clairement ces rôles vous permettra de rechercher les candidats ayant les compétences appropriées.

2. **Rechercher des candidats qualifiés** : Utilisez différents canaux de recrutement tels que les sites d'emploi en ligne, les réseaux sociaux, ou même des agences spécialisées si nécessaire, pour trouver des candidats qualifiés. Assurez-vous de vérifier les références et de mener des entretiens approfondis pour évaluer les compétences, l'expérience et la personnalité des candidats.

3. **Offrir une formation approfondie** : Une fois que vous avez recruté du personnel, assurez-vous de leur fournir une formation approfondie sur les procédures et les normes de service de votre entreprise. Une formation solide permettra à votre équipe de se sentir compétente dans leurs fonctions et de fournir un service de qualité aux voyageurs.

4. **Établir une communication claire** : Maintenez une communication claire et ouverte avec votre personnel. Fixez des attentes claires en termes de performances, de comportement et de responsabilités. Encouragez également le partage d'idées et de commentaires pour améliorer continuellement vos opérations.

5. **Évaluer les performances et récompenser** : Mettez en place un système d'évaluation des performances pour évaluer régulièrement les membres de votre équipe. Récompensez les employés performants par des avantages, des primes ou des opportunités de développement professionnel, ce qui renforcera leur engagement et leur motivation.

Recruter et gérer le personnel est une étape importante de la croissance de votre entreprise de location Airbnb. Avec une équipe bien formée et motivée, vous serez en mesure de gérer efficacement vos propriétés, d'offrir une expérience client exceptionnelle et de développer votre activité de manière durable. Assurez-vous de fournir à votre équipe les ressources nécessaires et le soutien dont ils ont besoin pour réussir, et veillez à maintenir une culture d'entreprise positive et collaborative.

Les outils et les ressources pour simplifier la gestion de votre entreprise

La gestion d'une entreprise de location Airbnb peut être exigeante, mais heureusement, il existe de nombreux outils et ressources disponibles pour simplifier vos opérations et améliorer votre efficacité. Dans ce chapitre, nous explorerons diverses solutions technologiques et autres ressources qui vous aideront à gérer plus facilement vos propriétés et à offrir une expérience client optimale.

Logiciels de gestion immobilière

Les logiciels de gestion immobilière sont des outils polyvalents qui vous permettent de centraliser vos réservations, votre calendrier, vos tarifs, et vos communications avec les voyageurs. Ils peuvent également intégrer les réservations de différentes plateformes, comme Airbnb, Booking.com et VRBO, pour éviter les doubles réservations. Certains logiciels offrent également des fonctionnalités de messagerie automatisée et de génération de rapports pour vous faciliter la vie.

Voici plusieurs logiciels de gestion immobilière adaptés à la gestion d'entreprises de location Airbnb :

1. **Guesty** : Guesty est une plateforme de gestion immobilière tout-en-un conçue spécifiquement pour les locations de courte durée. Elle permet de centraliser les réservations, de gérer les calendriers, de communiquer avec les voyageurs, d'automatiser les messages et de gérer les tâches quotidiennes.

2. **Lodgify** : Lodgify est une solution de gestion immobilière conviviale qui offre des fonctionnalités pour la création de sites web de réservation, la gestion des réservations, la communication avec les clients et le suivi des paiements.

3. **Your Porter App** : Your Porter App est un logiciel de gestion immobilière basé sur le cloud qui propose des outils de communication automatisée, de gestion des réservations et de synchronisation des calendriers.

5. **Hostfully** : Hostfully propose une plateforme de gestion immobilière complète qui inclut la création de guides d'accueil personnalisés pour les voyageurs, la gestion des réservations et la communication avec les invités.

7. **iGMS** (anciennement AirGMS) : iGMS est une solution de gestion immobilière dédiée aux hôtes Airbnb qui offre une communication automatisée, une synchronisation des calendriers et une gestion centralisée des réservations.

8. **Tokeet** : Tokeet est un logiciel de gestion immobilière complet qui intègre des fonctionnalités de gestion des réservations, de communication avec les voyageurs, de tarification dynamique et de facturation.

9. **Smoobu** : Smoobu est un logiciel de gestion immobilière facile à utiliser, offrant des fonctionnalités pour la synchronisation des calendriers, la communication avec les voyageurs, et la gestion des réservations.

Chaque logiciel offre des fonctionnalités spécifiques et des options de tarification différentes, il est donc essentiel de les comparer en fonction de vos besoins spécifiques et de la taille de votre activité. Ces logiciels de gestion immobilière peuvent grandement faciliter la gestion quotidienne de votre entreprise de location Airbnb et vous permettre de gagner du temps pour vous concentrer sur l'amélioration de l'expérience client et la croissance de votre activité.

Systèmes de verrouillage intelligents

Les serrures intelligentes, comme celles proposées par Igloohome, permettent une gestion sans clé et un contrôle d'accès à distance. Vous pouvez générer des codes PIN temporaires pour les voyageurs ou utiliser la technologie Bluetooth pour faciliter le check-in et le check-out sans avoir besoin de rencontrer physiquement les voyageurs.

Voici quelques exemples de systèmes de verrouillage intelligents conçus pour les locations de courte durée, y compris les entreprises comme Airbnb :

1. **Igloohome Smart Locks** : Igloohome propose une gamme de serrures intelligentes qui permettent un contrôle d'accès sans clé. Les voyageurs peuvent utiliser des codes PIN temporaires ou la technologie Bluetooth pour déverrouiller la porte, ce qui facilite le processus de check-in et de check-out.

2. **August Smart Lock** : August propose des serrures intelligentes qui peuvent être installées sur les serrures existantes, ce qui les rend compatibles avec la plupart des portes. Les voyageurs peuvent utiliser leur smartphone pour déverrouiller la porte à l'aide de la technologie Bluetooth.

3. **Schlage Encode Smart Wi-Fi Deadbolt** : Cette serrure intelligente de Schlage se connecte directement au Wi-Fi, ce qui permet aux hôtes de verrouiller et de déverrouiller à distance la porte. Les voyageurs peuvent également utiliser un code PIN pour accéder à la propriété.

4. **Yale Assure Lock SL** : Le Yale Assure Lock SL est une serrure intelligente élégante qui peut être intégrée à un système de maison

connectée. Les voyageurs peuvent utiliser des codes PIN, des clés virtuelles ou des smartphones pour déverrouiller la porte.

5. **Kwikset Kevo Touch-to-Open Smart Lock** : Kwikset Kevo offre une expérience mains-libres grâce à la technologie Touch-to-Open. Les voyageurs peuvent déverrouiller la porte simplement en touchant la serrure avec leur smartphone à portée.

6. **Lockitron Bolt** : Lockitron Bolt est un autre système de verrouillage intelligent qui peut être installé sur la plupart des serrures existantes. Les voyageurs peuvent utiliser leur smartphone pour déverrouiller la porte via Bluetooth.

7. **Nuki Smart Lock** : Nuki propose une serrure intelligente qui peut être installée sur le cylindre de la serrure existante. Les voyageurs peuvent utiliser leur smartphone pour déverrouiller et verrouiller la porte à l'aide de la technologie Bluetooth.

Ces systèmes de verrouillage intelligents offrent des fonctionnalités pratiques pour les hôtes Airbnb et les voyageurs. Ils permettent un contrôle d'accès sécurisé sans nécessiter de clés physiques, ce qui facilite le processus de check-in et de check-out. Certains systèmes offrent également des fonctionnalités de contrôle d'accès à distance, ce qui permet aux hôtes de gérer facilement les autorisations d'accès et de suivre l'utilisation de la serrure. Ils améliorent également la sécurité de la propriété en évitant les risques de perte de clés ou de copies non autorisées.

Outils de tarification dynamique

Les outils de tarification dynamique utilisent des algorithmes pour ajuster automatiquement vos tarifs en fonction de la demande et des tendances du marché. Cela vous permet d'optimiser vos revenus en proposant des prix compétitifs pendant les périodes de forte demande et en augmentant vos tarifs pendant les périodes de pointe.

Voici cinq exemples d'outils de tarification dynamique conçus pour les hôtes Airbnb et les propriétaires de locations de courte durée :

1. **Beyond Pricing** : Beyond Pricing utilise des algorithmes avancés pour analyser en temps réel les données du marché, les tendances saisonnières et les événements locaux pour ajuster automatiquement les tarifs des logements. L'outil permet aux hôtes de maximiser leurs revenus en proposant des prix compétitifs et en tenant compte de la demande fluctuante.

2. **Wheelhouse** : Wheelhouse est un outil de tarification dynamique qui optimise les tarifs des logements en fonction de divers facteurs tels que la saisonnalité, la demande prévue et la disponibilité des logements concurrents. Il permet aux hôtes d'ajuster automatiquement les tarifs pour s'adapter aux variations du marché.

3. **PriceLabs** : PriceLabs est un autre outil de tarification dynamique qui analyse les données du marché, les événements locaux et les modèles de réservation pour ajuster les tarifs en temps réel. Les hôtes peuvent personnaliser leurs règles de tarification en fonction de leurs préférences et de leur stratégie commerciale.

4. **Dynamic Pricing by AirDNA** : AirDNA propose un outil de tarification dynamique qui utilise des données d'hébergement et des informations sur les réservations pour ajuster les tarifs de manière intelligente. L'outil offre des options de personnalisation pour les hôtes afin qu'ils puissent gérer efficacement leurs prix.

5. **Everbooked** : Everbooked est un outil de tarification dynamique qui analyse les données du marché et les performances passées du logement pour recommander des tarifs optimaux. Les hôtes peuvent personnaliser les règles de tarification en fonction de leurs besoins spécifiques.

Ces outils de tarification dynamique permettent aux hôtes de fixer des tarifs compétitifs et optimisés en fonction des conditions du marché en temps réel. Ils aident les propriétaires de locations de courte durée à maximiser leurs revenus, à attirer davantage de voyageurs et à gérer efficacement leurs tarifs tout au long de l'année. En utilisant ces outils, les hôtes peuvent s'assurer que leurs tarifs sont alignés sur la demande du marché, ce qui leur permet d'obtenir des rendements financiers plus élevés et de rester compétitifs dans un environnement en constante évolution.

Applications de gestion des tâches

Utilisez des applications de gestion des tâches pour organiser et suivre les activités quotidiennes liées à vos propriétés, telles que le ménage, l'entretien et les réparations. Ces applications vous aident à planifier les tâches, à définir des rappels, et à suivre l'état d'avancement des travaux.

Voici deux exemples d'applications de gestion des tâches qui peuvent être utiles pour la gestion d'une entreprise de location Airbnb :

1. **Properly** : Properly est une application de gestion des tâches conçue spécifiquement pour les hôtes Airbnb et les propriétaires de locations de courte durée. Elle permet aux hôtes de créer des listes de contrôle pour le ménage et l'entretien, de planifier les tâches en fonction des réservations, et de suivre l'état d'avancement des travaux. L'application permet également aux hôtes de partager les listes de contrôle avec leur équipe de nettoyage, de communiquer des instructions spécifiques pour chaque réservation, et de recevoir des notifications une fois les tâches terminées.

2. **TurnoverBnB** : TurnoverBnB est une autre application de gestion des tâches conçue pour simplifier le processus de ménage entre les réservations. Elle permet aux hôtes de créer des listes de tâches personnalisées pour chaque propriété, de définir des rappels pour les tâches à accomplir, et de suivre l'historique des nettoyages. L'application offre également la possibilité de communiquer avec les membres de l'équipe de nettoyage et de partager des informations importantes sur chaque réservation.

Ces applications de gestion des tâches sont spécialement conçues pour répondre aux besoins des hôtes Airbnb et des propriétaires de locations de courte durée. Elles offrent des fonctionnalités pratiques pour organiser et suivre les activités de ménage, d'entretien et de préparation des logements entre les séjours. En utilisant ces applications, les hôtes peuvent améliorer leur efficacité opérationnelle, optimiser la qualité de leurs prestations et offrir une expérience client optimale à leurs voyageurs.

Services de ménage à la demande

Si vous avez besoin d'aide pour le ménage, envisagez d'utiliser des services de ménage à la demande tels que **Needhelp** ou **Yoojob**. Ces services vous permettent de planifier des nettoyages entre les séjours sans avoir besoin d'engager du personnel à temps plein.

Outils de gestion des commentaires

Les outils de gestion des commentaires vous aident à surveiller les avis laissés par les voyageurs sur différentes plateformes. Vous pouvez recevoir des alertes en temps réel chaque fois qu'un nouvel avis est publié, ce qui vous permet de répondre rapidement aux commentaires et de gérer votre réputation en ligne.

Formations en ligne et ressources communautaires

Profitez des formations en ligne et des ressources communautaires disponibles pour les hôtes Airbnb. Ces ressources vous permettent d'apprendre de l'expérience d'autres hôtes, d'améliorer vos compétences en tant qu'hôte, et de découvrir les meilleures pratiques pour réussir sur la plateforme.

En utilisant ces outils et ressources, vous pouvez rationaliser la gestion de votre entreprise de location Airbnb, gagner du temps et améliorer votre efficacité. La technologie joue un rôle essentiel dans la réussite de votre activité, vous permettant de rester compétitif sur le marché et d'offrir une expérience client de qualité supérieure. En combinant l'automatisation, les systèmes de verrouillage intelligents et les logiciels de gestion, vous pourrez gérer vos propriétés avec facilité et vous concentrer sur la satisfaction de vos voyageurs et la croissance de votre activité.

REPRODUIRE L'OPERATION POUR DEVELOPPER VOTRE PATRIMOINE

Une fois que vous avez réussi à louer votre premier bien immobilier sur Airbnb et que vous avez goûté aux possibilités lucratives de cette activité, il est temps de passer à l'étape suivante : la multiplication de vos propriétés pour atteindre vos objectifs financiers. Dans ce chapitre, nous examinerons de manière détaillée comment répéter le succès de votre premier bien immobilier et bâtir un portefeuille de propriétés prospère grâce à Airbnb en France.

1. **Évaluer votre premier succès** : Avant de vous lancer dans l'acquisition de nouveaux biens immobiliers, prenez le temps d'évaluer le succès de votre premier bien. Analysez les performances financières, les taux d'occupation, les évaluations des voyageurs et les revenus générés. Cela vous aidera à comprendre ce qui a bien fonctionné et ce qui peut être amélioré pour optimiser vos futurs investissements.

2. **Définir vos objectifs financiers** : Avant de recommencer, définissez clairement vos objectifs financiers. Combien de propriétés supplémentaires souhaitez-vous acquérir ? Quels revenus souhaitez-vous générer par mois ou par an grâce à votre portefeuille Airbnb ? Avoir des objectifs clairs vous donnera une direction claire et vous aidera à rester concentré sur vos priorités.

3. **Mettre en place une stratégie d'investissement** : Une fois que vous avez défini vos objectifs, établissez une stratégie d'investissement pour acquérir de nouvelles propriétés. Explorez les différentes options d'achat, comme l'achat direct, la vente aux enchères, l'investissement en crowdfunding immobilier ou l'achat de propriétés à rénover. Déterminez également quelle sera votre approche pour financer ces acquisitions, que ce

soit par des prêts bancaires, des investisseurs partenaires ou vos propres économies.

4. **Rechercher de nouvelles opportunités** : Gardez un œil attentif sur le marché immobilier en France pour repérer de nouvelles opportunités. Utilisez des plateformes en ligne, consultez les annonces immobilières, contactez des agents immobiliers locaux et explorez les quartiers en pleine expansion. Soyez prêt à saisir les opportunités lorsque des propriétés correspondant à vos critères d'investissement se présentent.

5. **Diversifier vos investissements** : Comme pour le premier bien immobilier, envisagez de diversifier vos investissements en acquérant des propriétés dans différentes zones géographiques ou avec des caractéristiques variées. Cela vous permettra de réduire les risques et d'optimiser vos revenus en fonction des différentes tendances du marché.

6. **Renforcer votre équipe** : À mesure que vous acquérez de nouvelles propriétés, il est important de renforcer votre équipe pour gérer efficacement votre portefeuille. Vous pouvez embaucher des gestionnaires immobiliers, des experts en marketing, des concierges ou des prestataires de services de ménage pour vous aider à gérer vos propriétés de manière professionnelle et efficace.

7. **Réinvestir vos revenus** : Lorsque vous commencez à générer des revenus supplémentaires grâce à vos nouvelles propriétés, envisagez de réinvestir une partie de ces bénéfices dans l'expansion de votre portefeuille. Cela vous permettra d'accélérer votre croissance et d'atteindre plus rapidement vos objectifs financiers.

8. **Soyez prêt à relever de nouveaux défis** : Avec l'expansion de votre portefeuille Airbnb, de nouveaux défis peuvent se présenter. Soyez prêt à faire face à des problèmes tels que la gestion de plusieurs propriétés, les fluctuations du marché ou les réglementations en évolution. Restez flexible et adaptez-vous aux défis à mesure qu'ils surviennent.

En répétant le succès de votre premier bien immobilier et en acquérant de nouvelles propriétés, vous pouvez développer un portefeuille prospère grâce au business Airbnb en France. L'expansion de votre activité vous permettra de générer des revenus passifs supplémentaires et de bâtir un patrimoine solide. Soyez persévérant, innovant et prêt à saisir les opportunités qui se présentent, et vous serez bien parti pour atteindre vos objectifs financiers grâce à l'hébergement sur Airbnb en France. Bonne chance dans votre aventure d'investissement et de développement de patrimoine !

CONCLUSION

Les clés du succès pour prospérer dans le marché Airbnb en France

Pour prospérer dans le marché Airbnb en France, plusieurs clés du succès sont essentielles pour se démarquer et attirer les voyageurs. Voici cinq éléments clés qui peuvent vous aider à réussir en tant qu'hôte Airbnb en France :

1. **Une offre unique et attrayante** : Pour prospérer dans le marché Airbnb en France, il est crucial de proposer une offre unique et attrayante. Que ce soit un appartement au cœur de Paris avec vue sur la Tour Eiffel, une maison de campagne charmante en Provence ou un loft moderne à Lyon, trouvez ce qui rend votre logement spécial et mettez-le en avant dans votre annonce. Proposez également des équipements et des commodités qui répondent aux besoins des voyageurs, comme le Wi-Fi, la climatisation ou un espace extérieur.

2. **Une communication efficace** : Une communication claire, réactive et professionnelle est un facteur clé de succès pour les hôtes Airbnb en France. Répondez rapidement aux demandes de réservation et aux questions des voyageurs, fournissez des instructions détaillées pour le check-in et le check-out, et soyez à l'écoute des besoins de vos invités pendant leur séjour. Une communication efficace vous aidera à gagner la confiance des voyageurs et à obtenir de bonnes évaluations.

3. **Des tarifs compétitifs et adaptés au marché** : Pour réussir sur Airbnb en France, il est important de fixer des tarifs compétitifs qui reflètent la valeur de votre logement tout en tenant compte des tendances du marché, des saisons touristiques et des événements locaux. Utilisez des outils de

tarification dynamique pour ajuster automatiquement vos tarifs en fonction de la demande et de l'offre du marché, ce qui vous permettra de maximiser vos revenus.

4. **Une propreté impeccable** : La propreté est un élément essentiel pour réussir sur Airbnb. Assurez-vous que votre logement est impeccablement propre à l'arrivée des voyageurs. Si vous avez besoin d'aide pour le ménage, envisagez de faire appel à des services de nettoyage professionnels pour garantir un standard de propreté élevé entre chaque séjour.

5. **Des évaluations positives et une excellente réputation** : Les évaluations et les commentaires laissés par les voyageurs sont d'une importance capitale sur Airbnb. Offrez une expérience client exceptionnelle pour encourager les voyageurs à laisser des commentaires positifs. Prenez en compte les retours des voyageurs pour améliorer constamment votre offre et votre service. Une excellente réputation vous permettra d'attirer davantage de voyageurs et de fidéliser ceux qui reviennent régulièrement.

En suivant ces clés du succès, vous serez en mesure de prospérer dans le marché Airbnb en France et de créer une activité de location de courte durée florissante. La clé réside dans l'attention portée aux détails, à la communication et à la satisfaction des voyageurs, ce qui vous permettra de vous démarquer dans un marché concurrentiel et d'établir une réputation solide en tant qu'hôte Airbnb en France.

Se préparer aux défis et aux opportunités futures

Dans le marché en constante évolution d'Airbnb en France, il est essentiel pour les hôtes de se préparer aux défis et aux opportunités à venir. Ce chapitre explore les principales considérations pour anticiper l'avenir et réussir en tant qu'hôte Airbnb.

1. **Adaptez-vous aux réglementations** : Les réglementations concernant les locations de courte durée peuvent évoluer, il est donc primordial de se tenir informé des lois et règlements locaux en matière d'hébergement touristique. Certaines villes en France ont mis en place des restrictions sur les locations Airbnb, comme des limites de jours de location ou des obligations d'enregistrement. En vous conformant aux réglementations en vigueur, vous éviterez des amendes et des ennuis légaux, et vous serez mieux préparé pour faire face aux changements futurs dans la législation.

2. **Investissez dans l'expérience client** : L'expérience client est un facteur déterminant pour le succès sur Airbnb. En investissant dans des équipements de qualité, un service réactif et une propreté impeccable, vous pouvez attirer davantage de voyageurs et fidéliser vos clients existants. Soyez attentif aux commentaires des voyageurs et utilisez leurs retours pour améliorer continuellement votre offre et offrir une expérience client exceptionnelle.

3. **Soyez flexible avec les tarifs** : Les fluctuations de la demande et les événements locaux peuvent influencer la demande pour votre logement. Soyez prêt à ajuster vos tarifs en fonction des tendances du marché, des saisons touristiques et des événements spéciaux. Les outils de tarification dynamique peuvent vous aider à rester compétitif et à maximiser vos revenus en fonction de l'offre et de la demande.

4. **Anticipez les besoins futurs** : Restez à l'affût des tendances du marché et des évolutions dans le secteur du tourisme en France. Les préférences des voyageurs peuvent changer avec le temps, alors soyez prêt à adapter votre offre en conséquence. Par exemple, les voyageurs peuvent rechercher davantage d'expériences locales authentiques, de logements respectueux de l'environnement ou de commodités spécifiques. En comprenant les tendances émergentes, vous pourrez mieux répondre aux attentes changeantes des voyageurs.

5. **Investissez dans la technologie** : Les avancées technologiques peuvent grandement faciliter la gestion de votre activité d'hôte Airbnb. En investissant dans des outils de gestion immobilière, des systèmes de verrouillage intelligents, des applications de gestion des tâches et des logiciels de tarification dynamique, vous pourrez améliorer votre efficacité opérationnelle et offrir un meilleur service à vos voyageurs.

6. **Développez votre réseau professionnel** : Collaborer avec d'autres acteurs du secteur du tourisme peut vous aider à identifier de nouvelles opportunités et à accroître votre visibilité. Établissez des partenariats avec des entreprises locales, des offices de tourisme ou des services de conciergerie pour élargir votre clientèle et offrir des services complémentaires à vos voyageurs.

En anticipant les défis et en saisissant les opportunités futures, vous serez mieux préparé pour réussir en tant qu'hôte Airbnb en France. La clé est d'être adaptable, attentif aux besoins des voyageurs et prêt à évoluer avec le marché. En mettant l'accent sur l'expérience client, la conformité aux réglementations, l'innovation technologique et les partenariats stratégiques, vous serez en mesure de prospérer dans le marché compétitif de la location de courte durée en France.

Votre voyage vers la fortune grâce au business Airbnb en France

Le marché Airbnb en France offre un potentiel lucratif pour les entrepreneurs qui savent comment capitaliser sur cette plateforme de location de courte durée. Dans ce chapitre, nous explorerons les étapes clés pour entreprendre votre voyage vers la fortune en tant qu'hôte Airbnb en France.

1. **Trouver la bonne propriété** : La première étape pour prospérer sur Airbnb en France est de trouver la bonne propriété à louer. Recherchez des emplacements stratégiques, tels que des quartiers populaires ou des zones touristiques, qui attireront un grand nombre de voyageurs. Choisissez une propriété qui se démarque par ses caractéristiques uniques, son aménagement attrayant et ses équipements modernes. Assurez-vous que la propriété répond aux besoins et aux préférences des voyageurs afin de maximiser son attractivité sur la plateforme.

2. **Optimiser votre annonce** : La clé pour attirer les voyageurs est de créer une annonce attrayante et convaincante. Utilisez des descriptions captivantes et des photos de haute qualité pour mettre en valeur les points forts de votre logement. Mettez l'accent sur les caractéristiques spéciales de la propriété, comme une vue panoramique, un jardin bien entretenu, ou des équipements de luxe. N'oubliez pas d'inclure des informations clés sur les tarifs, les disponibilités et les règles de la maison pour aider les voyageurs à prendre une décision éclairée.

3. **Gérer vos tarifs avec stratégie** : Pour maximiser vos revenus, adoptez une approche stratégique pour la tarification de votre logement. Utilisez des outils de tarification dynamique pour ajuster automatiquement vos tarifs en fonction de la demande du marché, des saisons touristiques et des événements locaux. Soyez flexible avec vos prix tout en gardant un équilibre entre la rentabilité et la compétitivité. Des tarifs compétitifs peuvent vous permettre d'attirer davantage de voyageurs, tandis que des tarifs plus élevés pendant les périodes de pointe peuvent augmenter vos revenus.

4. **Offrir une expérience client exceptionnelle** : La satisfaction des voyageurs est primordiale pour réussir sur Airbnb. Offrez une expérience client exceptionnelle en assurant une propreté impeccable, une communication réactive et un service attentionné. Fournissez des informations utiles sur les attractions locales, les restaurants et les activités pour aider les voyageurs à profiter pleinement de leur séjour. Répondez

rapidement aux questions et aux demandes des voyageurs pour les faire sentir les bienvenus et les valorisés.

5. **Gérer efficacement vos opérations** : Pour prospérer sur Airbnb en France, vous devez gérer efficacement vos opérations au quotidien. Utilisez des outils de gestion immobilière pour centraliser les réservations, synchroniser les calendriers et automatiser les communications. Employez des applications de gestion des tâches pour organiser le ménage, l'entretien et la préparation du logement entre les séjours. La gestion efficace de vos opérations vous permettra de consacrer plus de temps à améliorer l'expérience client et à développer votre activité.

6. **Se tenir informé des tendances du marché** : Le marché Airbnb est en constante évolution, il est donc essentiel de se tenir informé des tendances du secteur du tourisme en France. Surveillez les changements dans la demande des voyageurs, les tarifs pratiqués par la concurrence et les nouvelles réglementations concernant les locations de courte durée. En restant informé des tendances du marché, vous serez mieux préparé pour ajuster votre stratégie et saisir de nouvelles opportunités.

En suivant ces étapes clés, vous pouvez entreprendre un voyage vers la fortune grâce au business Airbnb en France. En fournissant une expérience client de qualité, en gérant efficacement vos opérations et en restant adaptable face aux évolutions du marché, vous serez en mesure de créer une activité lucrative et durable sur la plateforme de location de courte durée la plus populaire au monde.

Nous avons exploré en détail les étapes essentielles pour réussir en tant qu'hôte sur cette plateforme de location de courte durée. De la recherche de la propriété idéale à l'optimisation des tarifs, en passant par la gestion efficace des opérations et la satisfaction client, nous avons découvert les clés du succès pour prospérer dans ce marché en constante évolution.

Nous avons appris qu'une offre unique et attrayante est la clé pour attirer les voyageurs et se démarquer de la concurrence. En fournissant une expérience client exceptionnelle, en étant réactif dans la communication et en répondant aux besoins des voyageurs, nous pouvons obtenir des évaluations positives qui renforceront notre réputation et nous aideront à attirer davantage de voyageurs.

La tarification joue également un rôle crucial dans notre réussite. En adoptant une approche stratégique avec des tarifs compétitifs et en utilisant des outils de tarification dynamique, nous pouvons maximiser nos revenus tout en restant concurrentiels sur le marché.

La gestion efficace de nos opérations est un autre aspect essentiel pour réussir en tant qu'hôte Airbnb. En utilisant des outils de gestion immobilière, des systèmes de verrouillage intelligents et des applications de gestion des tâches, nous pouvons simplifier nos processus opérationnels, gagner du temps et offrir un service de qualité supérieure.

Nous avons également vu l'importance de se tenir informé des tendances du marché et des évolutions réglementaires pour anticiper les défis et les opportunités futurs. Être adaptable et prêt à ajuster notre stratégie en fonction des changements du marché est essentiel pour prospérer dans l'industrie du tourisme en constante évolution.

Le business Airbnb en France offre de nombreuses opportunités de réussite pour les entrepreneurs qui sont prêts à investir du temps, de l'effort et de l'attention dans leur activité. En utilisant les connaissances acquises dans ce livre et en mettant en pratique les clés du succès, nous pouvons entreprendre notre voyage vers la fortune grâce à l'hébergement sur Airbnb en France. En fournissant une expérience client exceptionnelle, en gérant efficacement nos opérations et en restant à l'affût des tendances du marché, nous sommes bien équipés pour prospérer dans cette industrie passionnante et en constante évolution. Que ce livre soit le point de départ d'une aventure réussie sur Airbnb en France, où notre succès n'a pas de limites !

AVERTISSEMENT : Les conseils et informations fournis dans ce guide sur le business Airbnb en France sont basés sur des connaissances générales et des bonnes pratiques disponibles jusqu'à la date de publication. Ces conseils visent à fournir des orientations générales et des suggestions pour les personnes intéressées par le business Airbnb en France, mais ils ne doivent pas être considérés comme des conseils juridiques, financiers ou professionnels personnalisés. Les circonstances individuelles varient d'une personne à l'autre, et les stratégies qui fonctionnent pour certains peuvent ne pas convenir à d'autres. L'auteur et l'éditeur ne garantissent pas l'exactitude, l'exhaustivité ou la pertinence des informations fournies dans ce guide. Les lecteurs sont encouragés à consulter des professionnels qualifiés pour obtenir des conseils adaptés à leur situation spécifique. Toute action entreprise suite aux conseils donnés dans ce guide est entreprise à vos propres risques, et l'auteur et l'éditeur déclinent toute responsabilité pour toute perte ou dommage résultant de l'utilisation des informations fournies.

Printed in France by Amazon
Brétigny-sur-Orge, FR

20705394R00060